Schöningh

EinFach Deutsch

Unterrichtsmodell

Carl Zuckmayer

Der Hauptmann von Köpenick

Erarbeitet von
Helge Puschnerus

Herausgegeben von
Johannes Diekhans

Inhaltsverzeichnis

Baustein 1

Die erste Szene der Komödie als Exposition
S. 15-27 im Modell

1.1 Die Personenkonstellation der ersten Szene als Spiegel der Gesellschaft	1. Szene	Textarbeit Tafel Einzelarbeit Gruppenarbeit Arbeitsblatt 1
1.2 Oben und unten, drinnen und draußen: Standbilder und Zeichnungen zur Verdeutlichung der gesellschaftlichen Hierarchie	–	Gruppenarbeit Standbild
1.3 Raum und Requisiten als Mittel der historischen und gesellschaftlichen Konkretion der Handlung	–	Textarbeit Tafel Einzelarbeit Partnerarbeit Gruppenarbeit Arbeitsblatt 2

Baustein 2

Wilhelm Voigt als chancenloser Außenseiter
S. 28-37 im Modell

2.1 Wer ist Wilhelm Voigt?	Szenen 1 und 2	Textarbeit Tafel Einzelarbeit Partnerarbeit
2.2 Ein Schein um zu sein: Voigt in den Mühlen der Bürokratie	2. Szene	Textarbeit Gruppenarbeit Einzelarbeit Tafel, Diskussion
2.3 „Ham' se jedient?“ – Voigt im Militärstaat	4. Szene	Textarbeit Einzelarbeit Partnerarbeit Rollenlesen Szenisches Spiel
2.4 Die Inhaltsangabe als Hilfe beim Textverständnis		Textarbeit Einzelarbeit Merkblatt, Tafel Schreibauftrag

Baustein 3

Leidenswege und Abstiege: Voigt und die Uniform
S. 38-49 im Modell

3.1 Hoprechts Nächstenliebe und Ignoranz	9. u. 14. Szene	Textarbeit, Tafel Partnerarbeit Einzelarbeit Merkblatt Szenisches Spiel Schreibauftrag
3.2 Voigts Menschlichkeit am Beispiel der 12. Szene	14. Szene	Textarbeit, Tafel Partnerarbeit Einzelarbeit Zeichenauftrag
3.3 „Etwas Besseres als den Tod werden wir überall finden“ – Die Verzahnung von Märchenzitaten mit der Handlung in der 12. Szene	12. Szene	Textarbeit Partnerarbeit Arbeitsblatt 3 Tafel
3.4 Die Abenteuer der Uniform	Szenen 5, 7, 13, 15, 17	Textarbeit, Tafel Schreibauftrag Projekt

Baustein 4

Der Höhepunkt der Handlung: Voigt handelt in der Hauptmannsuniform
S. 50-55 im Modell

4.1 Komik der Verwandlung	17. Szene	Textarbeit Partnerarbeit Einzelarbeit Tafel Rollenlesen
4.2 Obermüllers Niederlage	19. Szene	Textarbeit Schreibauftrag
4.3 Kilian als typischer Radfahrer. Charakterisierung der Figur	Szenen 18, 19	Textarbeit Tafel Partnerarbeit Einzelarbeit Schreibauftrag
4.4 Der Schluss der Komödie	letzte Szene	Schreibauftrag darstellendes Spiel

Baustein 5

Ausgewählte Grundbegriffe und -strukturen der Komödie und des Märchens
S. 56-62 im Modell

5.1 Der „Hauptmann von Köpenick“ als Komödie	gesamter Text	Textarbeit Arbeitsblatt 4 Merkblatt Tafel Schreibauftrag
5.2 Kreuzworträtsel zu Begriffen und Inhalten der Komödie		Arbeitsblatt 5
5.3 Elemente des Märchens in der Komödie		Merkblatt

- Arbeitsfrage
- Einzelarbeit
- Partnerarbeit
- Gruppenarbeit
- Unterrichtsgespräch
- Schreibauftrag
- Szenisches Spiel
- Mal- und Zeichenauftrag
- Bastelauftrag
- Projektorientierung, offenes Unterrichtsangebot

Vorwort

Der vorliegende Band ist Teil einer Reihe, die Lehrerinnen und Lehrern erprobte und an den Bedürfnissen der Schulpraxis orientierte Unterrichtsmodelle zu ausgewählten Ganzschriften und weiteren relevanten Themen des Faches Deutsch bietet.
Im Mittelpunkt der Modelle stehen Bausteine, die jeweils thematische Schwerpunkte mit entsprechenden Untergliederungen beinhalten.
In übersichtlich gestalteter Form erhält der Benutzer/die Benutzerin zunächst einen Überblick zu den im Modell ausführlich behandelten Bausteinen.

Es folgen:

- Hinweise zu den Handlungsträgern
- Zusammenfassung des Inhalts und der Handlungsstruktur
- Vorüberlegungen zum Einsatz des Buches im Unterricht
- Hinweise zur Konzeption des Modells
- Ausführliche Darstellung der einzelnen Bausteine
- Zusatzmaterialien

Ein besonderes Merkmal der Unterrichtsmodelle ist die Praxisorientierung. Enthalten sind kopierfähige Arbeitsblätter, Vorschläge für Klassen- und Kursarbeiten, Tafelbilder, konkrete Arbeitsaufträge, Projektvorschläge. Handlungsorientierte Methoden sind in gleicher Weise berücksichtigt wie eher traditionelle Verfahren der Texterschließung und -bearbeitung.
Das Bausteinprinzip ermöglicht es dabei den Benutzern, Unterrichtsreihen in unterschiedlicher Weise und mit unterschiedlichen thematischen Akzentuierungen zu konzipieren: Auf diese Weise erleichtern die Modelle die Unterrichtsvorbereitung und tragen zu einer Entlastung der Benutzer bei.

Das vorliegende Modell bezieht sich auf folgende Textausgabe: Carl Zuckmayer: Der Hauptmann von Köpenick. Frankfurt am Main: S. Fischer Verlag, 1995

www.schoeningh-schulbuch.de
Schöningh Verlag, Jühenplatz 1–3, 33098 Paderborn

Druck 7 6 5 / Jahr 2011 10 09
Die letzte Zahl bezeichnet das Jahr dieses Druckes.

Umschlaggestaltung: Jennifer Kirchhof
Druck und Bindung: Friedrich Pustet, Regensburg

ISBN 978-3-14-022304-1

„Kommt mit", sagte der Hahn, „etwas Besseres als den Tod werden wir überall finden!"

(Brüder Grimm, Die Bremer Stadtmusikanten)

Frankfurt: S. Fischer Verlag, 1995.

Der Inhalt der Komödie

Basierend auf einer tatsächlichen Begebenheit zeigt Zuckmayer, wie es dem chancenlosen Schuhmacher Wilhelm Voigt nach einer langen „Karriere“ als Kleinkrimineller durch eine Verkleidung gelingt, in eine Machtposition als Vertreter des militaristischen Staates zu gelangen und dadurch seinen erfolgreichen Coup zu landen. Voraussetzung für das Gelingen des genialen Streiches sind seine Erfahrungen und Erkenntnisse über die Gesellschaft, die ihn lehrten, dass eine Uniform Macht und Ansehen verleiht und zusammen mit dem entsprechenden Auftreten fast unangreifbar macht.

Neben der Auseinandersetzung mit dem Militarismus ist Zuckmayers Kritik an der deutschen Bürokratie ein zentraler Themenkreis des Stückes. Voigts (verhältnismäßig geringfügige) Vergehen lassen sich alle auf einen fast liebenswürdig naiven Postraub zurückführen, den er als junger Mann begangen hat. Nach Verbüßung der mit 15 Jahren Zuchthaus sehr harten Strafe versucht Voigt, wieder in Deutschland zu arbeiten. Die Voraussetzung dafür, eine Aufenthaltserlaubnis – also nichts als eine behördlich ausgestellte Existenzberechtigung –, wird ihm mit dem Hinweis auf seine Vorstrafen verweigert. Sämtliche weiteren Delikte Voigts haben gemeinsam, dass er versucht, seine Identität abzulegen, da er als vorbestrafter und arbeitsloser Schuhmacher keine Chance auf ein menschenwürdiges Leben in seiner Heimat hat.

Der erste Akt, der um 1900 spielt, informiert über Voigts Vorgeschichte und seine erfolglosen Versuche, auf legalen und illegalen Wegen eine bürgerliche Existenz aufzubauen. Parallel dazu wird die Geschichte der Uniform erzählt, die von Anfang an Gegenstand von Zuckmayers Spott ist.

Nach einem Sprung von zehn Jahren, in denen Voigt eine Haftstrafe wegen des Einbruchs in der Passstelle verbüßt, setzen der 2. und 3. Akt an. Voigt wohnt bei seiner Schwester und deren Mann und findet erstmals Geborgenheit und menschliche Wärme. Mit seinem Schwager Hoprecht, Muster eines Beamten an Ordnungsliebe, Diensteifer und Obrigkeitsgläubigkeit, diskutiert Voigt über Recht und Menschlichkeit im Staat. Während Voigt die Ausweisung nicht verhindern kann und ihm auch der Verlust des familiären Refugiums droht, erfährt die Uniform ebenfalls einen gesellschaftlichen Abstieg im Zusammenhang mit ihren stets geringer gestellten Trägern und den Anlässen, bei denen sie auftaucht.

Im dritten Akt schließlich erfährt der Leser, wie Voigt die Uniform bei einem Trödler erwirbt, zwei Abteilungen Soldaten unter seine Führung verpflichtet und sich zum Köpenicker Rathaus begibt um dort einen Pass und Geld zu erbeuten. Wieder unterläuft ihm ein Fehler: Pässe werden dort nicht ausgestellt. Unbeirrt spielt Voigt die Rolle des Hauptmanns weiter und bringt das gesamte Rathaus und die dort angestellten Personen vom Bürgermeister bis zum Stadtpolizisten unter sein Kommando. Widerstand wird von ihm durch den Verweis auf seine Legitimation als Hauptmann gebrochen. Da die Formalia seines Auftritts weitgehend korrekt sind, zweifelt in der eigentlich absurden Situation niemand daran, dass Voigt ein echter Hauptmann mit tatsächlicher Legitimation zu Verhaftung und Beschlagnahme ist.

Während alle Welt sich über die Köpenickiade amüsiert, muss sich Voigt, am Ende seiner Kräfte, der Polizei stellen. Er tut dies in der Hoffnung, im Ausgleich für seine Selbstanzeige nun doch noch einen Pass zu erhalten.

Die Hauptfiguren

Die Figuren der Komödie lassen sich als umfassender Spiegel der wilhelminischen Gesellschaft um die Jahrhundertwende verstehen; es treten auf:

- Vertreter des Militärs bzw. Reservemilitärs,
  ➜ Hauptmann von Schlettow, Obermüller, Nebenfiguren
- Vertreter der bürgerlichen Schicht
  ➜ Familie Hoprecht (Voigts Schwester mit ihrem Mann), Bürgermeister Obermüller und Frau, Uniformschneider Wormser, Nebenfiguren
- Entwurzelte Figuren ohne festen Standort innerhalb der Gesellschaft (Arbeit, Wohnung, soziale Beziehungen, Geld)
  ➜ Wilhelm Voigt, Kalle, Nebenfiguren

Deutlich wird besonders am Beispiel Hoprechts und Obermüllers die enge Verbindung des Bürgertums mit dem Militär; Teilhabe an der Macht bedeutet auch Unterordnung unter bestehende Machtmechanismen. Somit erscheint das aufstrebende Bürgertum in Zuckmayers Komödie als schwach und blind obrigkeitshörig. Sowohl bürgerliche Intellektuelle als auch kleinbürgerliche Angestellte erliegen dem „Zauber" der Uniform bzw. kapitulieren vor der durch sie ausgestrahlten Macht.

Die Zentralfigur:

Wilhelm Voigt ist zu Beginn der Handlung, die um 1900 einsetzt, bereits ein Verlierer. Vorbestraft, ohne Papiere und festen Wohnsitz gelingt es ihm nicht, sich in die bürgerliche Gesellschaft zu integrieren, da ihm aufgrund seiner Vergangenheit die elementarsten Attribute der Bürgerlichkeit – Arbeit und bürgerliche Rechte, hier symbolisiert durch den Pass, den Voigt nicht erhält – verweigert werden. Der Gesellschaft, die ihm keine Chance gibt, hat Voigt menschliche Wärme, Witz, schauspielerisches Talent, praktische Intelligenz, Mut, Lebenswillen und Erkenntnisse über ihr Funktionieren entgegenzusetzen.

Das Hauptrequisit und Zentralsymbol:

Parallel zur Geschichte Voigts wird die Geschichte der Uniform dargestellt. Sie steht stellvertretend für den militaristischen und streng hierarchischen Staat, erfährt jedoch in fast allen Szenen, in denen sie auftritt, einen Abstieg und Prestigeverlust, bis sie kurz vor der Köpenickiade beim Trödler hängt. Die Uniform, die als zentrales Symbol in vielen Szenen auftritt, kann in ihrer Bedeutung mit einer Zentralfigur verglichen werden. Ihr Weg ist nicht nur als Vorbereitung des Höhepunkts von Interesse, er ermöglicht auch differenzierte Einblicke in verschiedene Schichten der Gesellschaft.

Übersicht über das Auftreten Voigts und der Uniform in den Szenen der Komödie

Die Kreuze geben an, ob Voigt bzw. die Uniform in der jeweiligen Szene auftreten. Unterlegt sind alle Szenen, in denen Uniformen eine Rolle spielen, was die Dominanz des Militärischen deutlich vor Augen führt.

Szene	Voigt	Uniform	Szene	Voigt	Uniform	Szene	Voigt	Uniform
I,1 S. 7ff.	X	X	II,8 S. 58ff.	X		III, 15 S. 103ff.	X	X
I,2 S. 12ff.	X		II,9 S. 64ff.	X		III,16 S. 106ff.	X	(X) (im Paket)
I,3 S. 19ff.	X		II,10 S. 71ff.		X	III,17 S. 110ff.	X	X
I,4 S. 34ff.	X		II,11 S. 77ff.	X		III,18 S. 113ff.	X	X
I,5 S. 37ff.		X	II,12 S. 81ff.	X		III,19 S. 118ff.	X	X
I,6 S. 39ff.	X		II,13 S. 86ff.		X	III,20 S. 129ff.	X	
I,7 S. 52ff.		X	II,14 S. 93ff.	X		III,21 S. 134ff.	X	X

Szenenspiegel

Akt, Szene, Seite	Ort, Zeit	zentrale Figuren	Handlung
I,1 S. 7ff.	Wormsers Uniformladen **um 1900**	Hauptmann von Schlettow, Wormser, Wabschke	Hauptmann von Schlettow reklamiert seine neue Uniform wegen nicht vorschriftsmäßiger Gesäßknöpfe. Die Uniform steht als Symbol für eine unmenschlich korrekte Ordnung, die vom Militär ausgehend die gesamte Gesellschaft prägt und der sich die Menschen unterzuordnen haben. Voigt, der nach Arbeit fragen will, wird schnell hinausgeworfen; er kommt jedoch schon das erste Mal in Kontakt mit der Uniform, die seine Köpenickiade ermöglicht.
I,2 S. 12ff.	Polizeibüro	Voigt, Oberwachtmeister	Voigt erhält als Vorbestrafter keine Meldepapiere, da er keine Arbeit hat. Er erkennt, dass er keine Chance erhält aus dem „Karussell", dem Wechselspiel von Straftat und gesellschaftlicher Ausgrenzung, auszubrechen.
I,3 S. 19ff.	Café	Hauptmann von Schlettow, Voigt	In dieser amüsanten Szene, die in einem Amüsierlokal, in dem auch Prostituierte verkehren, spielt, mischt sich Hauptmann von Schlettow in einen Streit Kalles, der unter seinem geringen Sozialstatus leidet, mit einem Soldaten ein. Es kommt zu Handgreiflichkeiten zwischen dem Soldaten und Schlettow, der sich ohne Uniform militärische Befugnisse anmaßen will. Beide werden festgenommen, was Schlettows Ausscheiden aus dem Militär zur Folge hat.
I,4 S. 34ff.	Personalbüro der Schuhfabrik	Voigt, Prokurist Knell	Voigt bemüht sich um Arbeit, für die er auch gut qualifiziert ist. Dass er nicht beim Militär war, verringert seine Chancen beträchtlich. Aussichtslos wird die Bewerbung für ihn, weil er keine Papiere vorweisen kann; in der zweiten Szene wurden ihm diese verweigert.

Akt, Szene, Seite	Ort, Zeit	zentrale Figuren	Handlung
I,5 S. 37ff.	Schlettows Zimmer	Hauptmann von Schlettow	Schlettow wird die bestellte und nachgearbeitete Uniform geliefert, er muss sie zurückgehen lassen, da er den Dienst quittieren muss. Er fügt sich widerstandslos der bisher von ihm vertretenen Auffassung, dass sich ein Offizier auch moralisch einwandfrei zu verhalten habe. Aus seiner Sicht verliert er mit dem Beruf den besten Teil seines Menschseins.
1,6 S. 39ff.	Obdachlosen-asyl	Voigt und andere Obdachlose	Kalle und Voigt beschließen einen Einbruch in das Potsdamer Polizeirevier. Voigt will dadurch endlich Papiere bekommen, damit er eine normale Existenz begründen kann. Ein Deserteur wird in der Herberge verhaftet, was Voigts Wunsch, aus diesem Milieu herauszukommen, noch verstärkt.
I,7 S. 52ff.	Wormsers Uniformladen	Obermüller, Wormser	Aus der vorgelesenen Zeitung erfährt der Zuschauer vom gescheiterten Einbruch. Voigt und sein Komplize sind verhaftet. Die Uniform beginnt ihren Abstieg: Nach dem Gardehauptmann von Schlettow wird sie nun der Reserveoffizier und spätere Bürgermeister von Köpenick, Obermüller, tragen.
II,8 S. 58ff.	Zuchthaus-kapelle **um 1910**	Voigt, Zuchthausdirektor	Statt der Predigt wird in der Zuchthauskapelle eine Gedenkrede auf die Schlacht bei Sedan und eine militärische Instruktion und Übung abgehalten. Der Zuchthausdirektor ist davon überzeugt, dass die militärischen Übungen zum Erfolg der Gefängnisinsassen im zivilen Leben beitragen werden, was ja bei Voigt durchaus zutreffen wird, nur anders, als der Direktor sich denkt. Voigt wird aufgrund seiner guten Führung und seines Sachwissens in militärtheoretischen Fragen gelobt, erscheint somit auch als Mensch mit guter Auffassungsgabe.
II,9 S. 64ff.	Hoprechts Wohnzimmer	Voigt, Hoprecht	Der soeben entlassene Voigt besucht seine Schwester, Frau Hoprecht, in deren Familie er freundliche Aufnahme und menschliche Wärme findet. Sein Schwager, typischer Kleinbürger, Beamter und begeisterter Reserveunteroffizier, ist im Privaten verständnisvoll und hilfsbereit, im Dienst jedoch kleinlich und streng als Vertreter des Staates, an dessen Gerechtigkeit er glaubt. Sein Vertrauen in den Staat („Was dir zusteht, das kriegste...") wird von Voigt geprüft werden.
II,10 S. 71ff.	Wohnung Obermüllers	Bürgermeister Obermüller	Obermüller, mittlerweile Bürgermeister von Köpenick, nimmt seiner Frau zuliebe am Manöver teil, kann dabei jedoch die vor zehn Jahren bei Wormser gekaufte Uniform nicht tragen, da er mittlerweile zu dick geworden ist. In der Nacht vor dem Manöver warten er und seine Frau in äußerster Anspannung auf die neue Uniform, die Wabschke endlich liefert. Die alte Hauptmannsuniform hat ausgedient; allenfalls als Kostüm könne sie noch getragen werden (Vorausdeutung).
II,11 S. 77ff.	Einwohner-meldeamt	Voigt	Voigt wartet mit anderen Antragstellern vor einem Dienstzimmer, dessen Tür von einem Polizisten kontrolliert wird. Die Wartenden müssen

Akt, Szene, Seite	Ort, Zeit	zentrale Figuren	Handlung
			hinnehmen, wie ihre Chancen, an die Reihe zu kommen, schwinden. Gedemütigt und frustriert wird ihnen demonstriert, dass sie sich unterzuordnen haben. Voigt, dem die Ausweisung droht, kann nicht vorsprechen, erkennt aber einmal mehr die Macht des Militärs, das keinen Widerspruch duldet.
II,12 S. 81ff.	Mädchenkammer bei Hoprechts	Voigt, Mädchen	Voigt unterhält das kranke Mädchen bei Hoprechts mit fantasievollen Geschichten und heitert ihr so liebevoll den Tag auf. An seinen Erzählungen wird deutlich, dass Voigt nicht aufgibt und sogar in einer schwierigen Situation nicht resigniert. Darstellerisch verzahnt mit dem Vorlesen der „Bremer Stadtmusikanten“ erhält Voigt seine Ausweisung und schließt mit dem auch auf seine Situation zutreffenden Zitat: „Etwas Besseres als den Tod werden wir überall finden.“
II,13 S. 86ff.	Festsaal Dressel	Familie Wormser, Offiziere	Beim Kostümfest trägt Wormsers Tochter die ausgemusterte Hauptmannsuniform. In der von steifen Konventionen, hohler Festlichkeit und Klüngelei geprägten Atmosphäre macht sich Zuckmayer über verschiedene Vertreter des Militärs lustig. Die Szene endet damit, dass die Uniform mit Getränken, Speisen und Blumenwasser begossen wird und nun zum Trödler kommt.
II,14 S. 93ff.	Hoprechts Wohnzimmer	Voigt, Hoprecht	Hoprecht wurde die ersehnte Beförderung vorenthalten und es kommen bei ihm Zweifel an der Gerechtigkeit des Systems auf. Mit Voigt kommt es zum großen Dialog zwischen dem Ausgestoßenen und dem Staatsdiener. Da Hoprecht schnell wieder in sein Korsett aus Überzeugungen findet, kann er nicht anders, als in Voigt, der auf seinem Recht auf eine menschenwürdige Existenz besteht, einen Umstürzler, einen Revolutionär zu sehen. Voigts ungebrochener Lebenswille erscheint Hoprecht als Gefährdung des von ihm vertretenen und verteidigten Systems, in dem Subordinierte an ihrem Platz auf das ihnen Zugeteilte warten und dies hinnehmen sollen.
III,15 S. 103ff.	Second-Hand-Kleiderladen	Voigt	Beim Trödler kauft sich Voigt die Hauptmannsuniform. Programmatisch steht an dem Laden: „Kleider machen Leute“, was sich mit ähnlichen Aussagen in den vorigen Szenen deckt und nun konkret auf Voigts Vorhaben hinweist. Schon mit dem Anprobieren der Uniform legt Voigt auch seinen gewöhnlichen Umgangston ab und gibt sich militärisch. Er probiert mit dem Mantel seine neue Rolle aus und verlässt den Laden eilig zum „Dienst“.
III,16 S. 106ff.	Park von Sanssouci	verschiedene Passanten	Voigt betreibt auf einer Parkbank sitzend Studien des Verhaltens der Umgangs- und Redeweisen der vorbeispazierenden Offiziere. Zuckmayer spart nicht mit Spott für die verschiedenen verschrobenen Figuren, für die Pensionäre, aktiven Offiziere und für die überspannten jugendlichen Literaturfreunde.

Akt, Szene, Seite	Ort, Zeit	zentrale Figuren	Handlung
III,17 S. 110ff.	Bahnhof in Berlin	Voigt	In der Verwandlungsszene vor der Bahnhofstoilette erprobt Voigt, nachdem er in seine neue Haut, die Uniform, geschlüpft ist, seine Macht und spielt sie kurz gegenüber dem in peinvoller Bedrängnis befindlichen Bahnbeamten aus. Sein Auftreten ist vollkommen überzeugend.
III,18 S. 113ff.	Rathaus Köpenick, Treppenhaus	Kilian, Voigt	Die Szene im Eingangsportal des Köpenicker Rathauses zeigt den Stadtschutzmann Kilian in Aktion: Als typischer „Radfahrer" verhält er sich unterwürfig bis zur Aufgabe der Selbstachtung gegenüber Vorgesetzten, spielt aber seine Macht gegenüber den Antragstellern voll aus. Als Voigt als Hauptmann mit einer Abteilung Soldaten anrückt, stellt sich Kilian sofort diensteifrig unter dessen Befehl.
III,19 S. 188ff.	Rathaus Köpenick, Bürgermeisterbüro	Voigt, Bürgermeister Obermüller	Voigt setzt sich bei der aktionsreichen und spannenden Besetzung des Rathauses sehr geschickt gegen den Bürgermeister Obermüller durch. Interessant ist, mit welchen Tricks er die verschiedenen Beamten von seiner Legitimation überzeugt und die Autorität des Bürgermeisters aussetzen lässt. Sein eigentliches Ziel ist immer noch ein Pass, was er mit der Verhaftung des Bürgermeisters und der Beschlagnahme der Kasse kaschieren will. Aber Voigt hat einen Fehler gemacht, wieder spielt ihm eine Behörde einen Streich: Im Rathaus gibt es gar keine Pässe. Unbeirrt und sicher führt Voigt seinen Plan weiter aus und sichert sich mit militärischer Autorität und Charme seinen Erfolg. Gegen Ende der Aktion ist Voigt so siegesgewiss, dass er sich Späße erlaubt und absurde Privilegien gewährt.
III,20 S. 129ff.	Kneipe in Berlin	Voigt, einfache Leute	Voigt hat in einer Kneipe am Tisch geschlafen und ist physisch am Ende. Zwar hat er jetzt Geld, aber von seiner ersehnten Existenz ist er weiter entfernt denn je. Die Extrablätter überschlagen sich in Meldungen über die Aktion in Köpenick und mutmaßen über den unbekannten Täter.
III,21 S. 134ff.	Polizeipräsidium Berlin	Voigt, hohe Polizeibeamte	Im Polizeipräsidium wird eifrig gefahndet, obwohl der Kaiser als höchster Offizier (im Geheimen) einen gewissen Stolz für die in der Tat zum Ausdruck gekommene Disziplin und den Respekt vor der Uniform ausdrückt. Voigt stellt sich selbst, in der berechtigten Hoffnung, nach der Verbüßung einer Strafe nun tatsächlich einen Pass zu erhalten, und erläutert den Anwesenden seine Aktion. Als Voigt sich noch einmal die Uniform anzieht, wird er von seinem eigenen Anblick überwältigt: Der Ausgestoßene in dieser alles ermöglichenden Verkleidung, dem Zauberrock. Unter Lachen und Weinen resümiert Voigt seine Situation, die Tat und die sie ermöglichenden Verhältnisse: „Unmöglich!!"

Vorüberlegungen zur Behandlung der Komödie im Unterricht

„Der Hauptmann von Köpenick“ eignet sich besonders zur Einführung in den Bereich größerer dramatischer Texte in den Klassen 9 oder 10, da hier ein entsprechendes historisches Verständnis vorausgesetzt werden kann und die analytischen Fähigkeiten rasch zunehmen. Ebenfalls denkbar ist eine Behandlung in der Oberstufe mit modifizierten Schwerpunkten und erhöhter Selbstständigkeit der Lernenden.

In diesem Modell wird davon ausgegangen, dass die Schüler zu Beginn der Behandlung des Stückes bereits den Text zu Hause gelesen haben. Diese Vorgehensweise ist angebracht, da es sich um einen relativ leicht verstehbaren Text handelt, der von den meisten Schülerinnen und Schülern gut zu bewältigen ist. Ein knapper Szenenspiegel soll ihnen die nötige Übersicht verschaffen. Eventuell kann dieser aktweise nacheinander erstellt werden. Bei der Einschätzung des Aufwandes für die vorbereitende Lektüre und die Aufgabenstellung (Szenenspiegel) sollte nicht übersehen werden, dass allein der Umfang von 140 Seiten für viele Schüler schon eine beträchtliche Herausforderung darstellt.

Der historische Hintergrund der Komödie – das wilhelminische Deutschland um 1900 – soll bei der Behandlung mit berücksichtigt werden, da in dieser Komödie exemplarisch verstanden werden kann, wie Literatur als künstlerische Verarbeitung von Realität sich auf diese bezieht und zurückwirkt. Geschichtliche Bezüge sind jedoch auch zur Entstehungszeit 1931 herzustellen, da Zuckmayer sich auch auf diese bezieht.

Besonders günstig ist eine unterrichtliche Einbettung in verwandte Unterrichtsreihen. So kann der Bereich der Varietäten, z.B. Fachsprachen (spez. Verwaltungssprache), zahlreiche Bezüge und Einordnungen ermöglichen, so können die im „Hauptmann von Köpenick“ verwendeten Dialekte als Mittel der Herstellung einer sozialen und lokalen Identität der Figuren gedeutet werden. Mögliche andere Unterrichtsthemen könnten Literaturverfilmung, Medienerziehung (Zeitung), Arbeitstechniken (genaues Lesen, Umgang mit größeren Texten, Inhaltsangaben, Strukturieren, Überblick gewinnen, Charakterisierung einer literarischen Figur), Märchen und Märchenparodie sein.

Als Klassenarbeiten werden folgende Themen, die Erarbeitungsschwerpunkte dieses Modells reflektieren, vorgeschlagen (vgl. auch S. 93):

- Charakterisiere Kilian anhand der 18. Szene.
- Charakterisiere Kilian und vergleiche sein Verhalten mit dem von Wormser in der ersten Szene. Stelle dabei die Gemeinsamkeiten deutlich heraus.
- Charakterisiere Hoprecht anhand der 10. und 14. Szene. Gehe dabei besonders auf sein Verhältnis zum Staat ein.
- Analysiere den Dialog zwischen Voigt und Hoprecht in der 14. Szene und stelle ihre Positionen deutlich heraus. Diskutiere Hoprechts Standpunkt vor dem Hintergrund seiner und Voigts Erfahrungen.
- Analysiere die 4. Szene und zeige auf, welche Arten der Komik Zuckmayer darin verwendet. Stelle in einem zweiten Teil das besondere Verhältnis von Komik und Ernst in der Komödie „Der Hauptmann von Köpenick“ dar.
- Inwiefern bezieht sich Zuckmayer auf die gesellschaftliche Situation von 1931? Was kann man heute noch aus dem Stück lernen?

- Weise Merkmale der Komödie am Text nach. Beziehe dich dabei auf die Figuren, die Handlung, den Schluss, die verwendeten Arten der Komik. Diskutiere die Frage, welche Rolle die Darstellungsweise für den Erfolg des Theaterstückes hatte.
- Zeige auf, inwiefern Zuckmayer Kritik am Militarismus übt. Stütze dich dabei auf eine knappe Analyse wichtiger Figuren und Ausschnitte der Handlung und auf den Weg und die Rolle des Zentralsymbols.
- Warum nennt Zuckmayer sein Schauspiel „Ein deutsches Märchen“? Weise Elemente des Märchens und ihre Funktion nach. Stütze dich dabei besonders auf die 12. Szene.

Notizen

Konzeption des Unterrichtsmodells

Das vorliegende Modell folgt einem integrativen Ansatz verschiedener Konzepte. Handlungsorientierte und fächerübergreifende Elemente stehen dabei neben analytisch orientierten Verfahren der Texterschließung. Dem Bausteinprinzip folgend werden Anregungen und Materialien für verschiedene Aspekte bereitgestellt. Die Elemente der Bausteine müssen jedoch nicht immer alle durchgeführt werden. Ebenso gut sind weiterhin andere Verknüpfungen unter anderen Oberthemen denkbar. So wird es für den Benutzer dieses Modells unerlässlich sein aus den Vorschlägen auszuwählen, neue Kombinationen auszuprobieren, andere Schwerpunkte zu setzen.

Inhaltliche und methodische Schwerpunkte des Modells sind:

- Textanalyse unter bestimmten Aspekten
- Inhaltsangabe als Mittel der Erschließung einer Szene
- Charakterisierung einer literarischen Figur
- sprachliches, körperliches und szenisches Spiel: Verstehen über ganzheitliche Aktion
- gattungstheoretische Aspekte
- Sprache (Metaphorik, Dialekt, Humor)
- historische und gesellschaftliche Hintergründe der Komödie
- Umgang mit Verfilmungen

Die Bausteine 1 bis 4 folgen im Wesentlichen einem linearen Prinzip, wobei nicht alle Szenen gleichermaßen eingehend behandelt werden. Dieses Prinzip des Fortschreitens der Behandlung mit dem Fortschreiten der Handlung ist gekoppelt mit einer wechselnden Aspektierung, sodass neben einer (unterschiedlich genauen) inhaltlichen Klärung jeweils verschiedene Gesichtspunkte eingehender untersucht werden.
Jedem Teilbaustein ist eine kleine Einleitung vorangestellt, die ggf. eine knappe didaktisch reduzierte Szenenanalyse gibt und den Ansatz dieses Bausteinteils erläutert.

Das vorliegende Modell bezieht sich auf folgende Textausgabe:
Carl Zuckmayer: Der Hauptmann von Köpenick. Frankfurt am Main, S. Fischer Verlag, 1995 (Fischer Taschenbuch 7002).
Der Textnachweis beim Zitieren erfolgt auf folgende Weise: z.B.: 7/14 bedeutet: Seite 7/Zeile 14

Die thematischen Bausteine des Unterrichtsmodells

Baustein 1 Die erste Szene der Komödie als Exposition

Die erste Szene führt den Betrachter in wesentliche Zusammenhänge des Stückes ein: Die Rolle des Militärs, die Bedeutung der Uniform, die soziale Stellung Voigts, die buckelnde Unterwürfigkeit des Handwerkers, die Radfahrermentalität Wormsers, komödientypische Elemente und eine genaue sozial-historische Verortung des Geschehens werden grundgelegt. Bemerkenswert ist die Klarheit der Figuren und die Deutlichkeit der Machtverhältnisse, die Zuckmayer durch verschiedene dramatische Mittel sofort etabliert. Wichtige Figuren und das zentrale Symbol werden in einer scheinbar alltäglichen Situation vorgestellt. Somit weist die erste Szene typische Elemente einer Exposition auf; sie führt den Zuschauer in das Geschehen ein, lässt Voigts Problem, nirgends geduldet zu sein, aufscheinen und gibt das Zentralsymbol, die Uniform, samt ihrem Träger schon zu Beginn der Lächerlichkeit preis. Insgesamt kann man jedoch die Exposition nicht mit der 1. Szene als abgeschlossen betrachten, vielmehr ist der gesamte erste Akt (v.a. Szenen 1-4) als breite Exposition angelegt.

Die Bausteinteile verfolgen die Aspekte:

- Figurenkonstellation (von den Schülern besonders gut über Redeanteile und -inhalte als Ausdruck von Machtverhältnissen zu erfassen)
- Requisiten und Raum
- Hierarchien in der Gesellschaft (durch die Tätigkeiten beim Anprobieren werden die realen Machtverhältnisse vor Augen geführt)

Vor die eigentliche Arbeit am ersten Kapitel sind einige Anregungen gestellt, die das Aufarbeiten der Erfahrungen der Primärrezeption erleichtern sollen.

Vorarbeit und Auswertung der Leseerfahrungen:

Szenenspiegel:

Damit die Schüler den Text besser überblicken können, empfiehlt es sich, einen knappen Szenenspiegel parallel zur häuslichen Lektüre vor Beginn der Behandlung im Unterricht anlegen zu lassen. Nebenbei wird so sichergestellt, dass tatsächlich alle Schüler das Stück gelesen haben. Außerdem dient der Szenenspiegel als Instrument der Textanalyse der Entwicklung und Förderung der Fertigkeiten des selbstständigen Umgangs mit Texten, die im Hinblick auf die Anforderungen der Oberstufe geübt werden sollten. Sollte die Zeit zur kompletten Lektüre zu Hause vor der Behandlung zu knapp sein, kann auch aktweise vorgegangen werden. Der Szenenspiegel wird mehrere Seiten umfassen und kann sich an dem folgenden oder dem oben ausgeführten Modell orientieren:

Szene	Ort	Zeit	Hauptfiguren	Handlung	weitere wichtige Informationen, die in der Szene mitgeteilt werden
1					
2					

Leseerfahrungen besprechen:

Erfahrungsgemäß gibt es zu Beginn der Behandlung der Komödie, die für viele Schüler die erste Begegnung mit einem längeren dramatischen Text ist, Bedarf, die Erfahrungen der Primärrezeption zu besprechen. Daher folgen nun einige Anregungen für eine erste Auswertung der Leseerfahrungen. Diese Auswertung kann – wenn als Plenumsgespräch angelegt – entweder im freien Gespräch geschehen oder anhand von Leitfragen vonstatten gehen. Die folgenden vorgegebenen und weiterzuführenden Sätze können das Gespräch in Gang bringen und vorstrukturieren. Die Leitfragen werden an die Tafel geschrieben oder über Folie projiziert. Zunächst sollten die Schüler etwas Zeit bekommen, um ihre persönlichen Antworten stichwortartig zu notieren.

Carl Zuckmayer: Der Hauptmann von Köpenick

- Ich fand an dem Buch besonders interessant, dass ...
- Überrascht wurde ich von ...
- Beim Lesen hatte ich die Frage: ...
- Ich fand es schwierig, dass ...

Ein anderes Verfahren, das in Lerngruppen angewendet werden kann, die zu selbstständigerem Arbeiten schon in der Lage sind bzw. hingeführt werden sollen, findet in verschiedenen Kleingruppen in folgenden Arbeitsschritten statt:

1. Jeder notiert auf verschiedenen Zetteln, die nicht zu klein sein dürfen, (mindestens A5, besser A4) Stichworte. Diese geben Auskunft über die Aspekte des Stückes, die den Schüler oder die Schülerin besonders interessieren, Fragen aufgeworfen haben, auf Befremden gestoßen sind usw. Der Arbeitsauftrag kann folgendermaßen formuliert werden:

❒ *Notiere stichwortartig auf je einem Zettel Gedanken zu dem Schauspiel „Der Hauptmann von Köpenick". Du kannst auch Wünsche äußern, worauf im Unterricht besonders eingegangen werden soll.*

2. Nachdem in diesem Brainstorming jede/jeder für sich allein gearbeitet hat, stellen die Mitglieder der Kleingruppe sich gegenseitig ihre Gedanken vor.

Dies geschieht am besten in einem Sitzkreis, indem die Zettel nacheinander in die Mitte gelegt werden. Jeder, der einen Zettel in die Mitte legt, erläutert ganz kurz den notierten Gedanken, damit Missverständnisse vermieden werden. Der Arbeitsauftrag kann folgendermaßen formuliert werden:

❐ *Legt nacheinander alle Zettel in die Mitte des Kreises (zunächst jeder einen) und stellt sie der Gruppe kurz vor. An dieser Stelle sollte noch nicht diskutiert werden, es gibt auch noch keine Kommentare von Schülern oder dem Lehrer, es gibt kein Richtig und Falsch. Es geht darum, dass wir uns gegenseitig einige wichtige Erfahrungen und Gedanken mitteilen.*

3. Im nächsten Schritt versuchen die Gruppenmitglieder die vielen Zettel nach Gemeinsamkeiten in einige thematisch verwandte Gruppen zu bündeln: Was gehört wozu, wo gibt es Übereinstimmungen, wo Unterschiede, welche Überlegungen treffen auf großes Interesse, welche Gedanken sind besonders konstruktiv, führen weiter, regen an, wie soll der Unterricht aussehen...? Der Arbeitsauftrag kann folgendermaßen formuliert werden:

❐ *Jetzt sollt ihr die Zettel nach Themengruppen zusammenstellen. Was gehört zusammen, da es sich auf ähnliche Aspekte der Lektüre bezieht? Am Ende dieser Arbeitsphase, in der ihr heiß diskutieren könnt, sollen ein oder zwei Mitglieder der Gruppe der gesamten Klasse das Ergebnis eurer Gruppe vorstellen können. Dabei muss deutlich werden, was ihr besonders wichtig findet und welche Fragen und Gedanken häufig auftreten.*

Diese Gruppenarbeit ist für den Lehrer aufschlussreich, da das Vorverständnis der Schüler und Schülerinnen nun besser berücksichtigt und die Schülerwünsche bzw. Probleme bei der weiteren Planung der Unterrichtsreihe besser einbezogen werden können. Von vielen Schülern wird die enorm große Rolle des Militärs bemerkt worden sein, das – verkörpert durch von Schlettow – im Mittelpunkt des Interesses bei der Behandlung der ersten Szene steht.

1.1 ❐ Die Personenkonstellation der ersten Szene als Spiegel der Gesellschaft

Die erste Szene ist besonders aussagekräftig sowohl für die Kräfteverhältnisse innerhalb der Komödie als auch in der durch sie verarbeiteten Wirklichkeit. Vertreter verschiedener sozialer Gruppen – des Militärs, des mittelständischen Handwerks, der gesellschaftlichen Außenseiter – treffen in einer alltäglichen Situation aufeinander. Ihr Verhalten zueinander, die Art ihres Kommunizierens und ihre Redeanteile zeigen deutlich, dass es sich bei der durch sie repräsentierten Gesellschaft um eine hierarchisch gegliederte Welt handelt, in der das Militär dominiert. Dieser Aspekt der militärdominierten Hierarchie ist für das Verständnis der Komödie so zentral, dass er als erster in den Mittelpunkt der Behandlung der Szene gestellt wird. Die Veranschaulichung der im ersten Bausteinteil herausgearbeiteten Hierarchie erfolgt anschließend und wird im Verlauf der Unterrichtsreihe durch den Nachweis der Allgegenwart des Militärischen ergänzt.

Die Textarbeit beginnt am besten nicht mit der Regieanweisung, da diese für die Schüler etwas „trocken" ist, sondern mit dem Text. Zunächst kann die Szene mit verteilten Rollen gelesen werden. Die Rollen von Wormser und Wabschke sollten mit möglichst lesesicheren Schülern besetzt werden, da der Dialekt das Lesen anfänglich beträchtlich erschweren kann. Eventuell kann den Schülern etwas Zeit gegeben werden, damit sie ihren Part überfliegen können. Den Sohn Wormsers

zu besetzen ist nicht nötig, weil er im wörtlichen Sinn nichts zu sagen hat. Nach dem Lesen wird für alle Schüler lebendiger, worum es in dieser Szene geht und welcher Art die Beziehungen zwischen den Personen sind.
In einem ersten Gespräch sollte die Aufmerksamkeit der Schüler auf das Verhältnis der Personen zueinander gelenkt werden. Folgende Aufgaben, die als relevante Fragestellungen von den Schülerinnen und Schülern selbsttätig formuliert und arbeitsteilig in Tischgruppen bearbeitet werden können, helfen die Eindrücke herzuleiten und zu begründen:

- *Untersucht, wie sich Hauptmann von Schlettow Wormser gegenüber äußert. Welche Position nimmt er Wormser gegenüber ein?*
- *Untersucht, wie sich Wormser von Schlettow gegenüber verhält. Wie beurteilt ihr sein Auftreten? Warum verhält er sich so?*
- *Untersucht, wie sich Wormser gegenüber seinem Angestellten Wabschke verhält.*
- *Untersucht das Auftreten Wormsers gegenüber seinem Sohn.*
- *Was für einen Eindruck macht Voigt auf euch?*
- *Wie beurteilt ihr Voigts Rauswurf?*

Für alle Gruppen:

- *Schreibt dazu einige typische Äußerungen jeder Person aus dem Text heraus und fasst eure Gedanken dazu stichwortartig zusammen.*

Das Ergebnis der Gruppenarbeit kann zunächst mündlich vorgestellt und dann in einem Tafelbild festgehalten werden. Für die Schüler werden zwei Sachverhalte deutlich:

1. Das Verhalten der Personen zueinander ist bestimmt von ihrer Stellung im sozialen Gefüge.
2. Die Redeanteile verhalten sich im Wesentlichen proportional zu ihrer gesellschaftlichen Stellung.

Die Ergebnisse können in einem umfangreicheren Tafelbild (s.S. 20) oder auf Folie festgehalten werden, wobei es sich empfiehlt, die Schüler an der Entwicklung zu beteiligen, um die Methode der Untersuchung transparent zu machen. Hilfsfragen, die die Struktur des Tafelbildes deutlich werden lassen und den Schülern die aktive Mithilfe bei seiner Erstellung ermöglichen, können sein:

- *In welcher Reihenfolge sollten die Personen aufgelistet werden?*
- *In welcher Art sollen treffende Aussagen aus dem Text aufgenommen werden?*
- *Wie können wir den Umfang der Redeanteile miteinander vergleichen?*
- *Unter welchen Gesichtspunkten kann man die Ergebnisse auswerten?*

Es ergeben sich zwei verschieden genaue und unterschiedlich aufwändige Tabellen, in denen von den Schülern die entsprechenden Informationen eingetragen werden können. Modell 1 (s. Arbeitsblatt 1, S. 19) erhebt exemplarische Aussagen von jeder der beteiligten Personen gegenüber jeder anderen, soweit dies möglich ist, Modell 2 (s. S. 20) beschränkt sich auf die wesentlichen Aussagen. Das Modell 1 eignet sich gut für arbeitsteilige Gruppenarbeiten, die Ergebnisse können dann über aufzulegende Folienstreifen auf der als OHP-Folie kopierten Matrix gesichert werden. Modell 2 eignet sich eher für die lehrergelenkte Erarbeitung. Bei beiden Verfahren sollte darauf bestanden werden, die Textnachweise mit Seiten- und Zeilenangabe herauszuschreiben.

Analyse des Gesprächsverhaltens der Personen in der ersten Szene

Suche Aussagen der Personen heraus, die besonders deutlich zeigen, welches Verhältnis die Kommunikationsteilnehmer zueinander haben. Vergiss nicht die genaue Seiten- und Zeilenangabe.

	Schlettow	Wormser	Wabschke	Willy Wormser	Voigt
Schlettow					
Wormser					
Wabschke					
Willy Wormser					
Voigt					
Gesprächsanteil					

Nach: Scholdt, G.; Walter, D.: Stundenblätter Carl Zuckmayer, „Der Hauptmann von Köpenick". Stuttgart: Klett Verlag 7. Aufl., 1995, Beilage S.2

Ebenso gut ist es möglich, anhand einer entsprechenden Vorgabe die folgende Auflistung treffender Aussagen zusammenzutragen und daraus wichtige Aussagen über das hierarchische Verhältnis abzuleiten. Zunächst kann in der Reihenfolge der Personen von der Reihenfolge in der Regieanweisung ausgegangen werden. Werden die Ergebnisse auf Folienstreifen geschrieben, lässt sich schnell eine Anordnung entsprechend der gesellschaftlichen Stellung visuell darstellen.

	Wormser	**Willy Wormser**	**Wabschke**	**Hauptmann von Schlettow**	**Voigt**
Typische Äußerungen	„Wabschke, haltense 'n Rand" (9/14) zu Schlettow: „Meine Rede, Herr Hauptmann" (10/29)	–	zu Schlettow: „Man könnte meinen, Sie wären mit Jesäßkneppen uff de Welt jekommen!" (8/18)	zu Wabschke: „Als Schneider sinse vielleicht tipptopp, aber als Mensch." (9/1) „Gottvoll Wormser" (9/32) über Voigt: „Wie ne Leiche auf Urlaub" (11/9)	„Ick wollte mir nur mal erkundigen –„ (12/6) Einwortsatz („Nee") Aposiopese (12/6)
Redeanteil (wie viel sagt die Figur?)	66 Zeilen	–	22 Zeilen (fast alles, bevor Wormser eintritt)	58 Zeilen	2 Zeilen
Zusammenfassung, Deutung	buckelnd bis jovial zu von Schlettow, arrogant bis verletzend zu Wabschke, seinem Sohn und Voigt **Radfahrermentalität**	spricht nicht, nur Gehilfe **Opfer**	humorvoll, wagt einige Spitzen **Rolle des Narren**	herrschend, urteilend, kann sich vieles erlauben **verkörpert die Macht**	von außerhalb **Außenseiter**

Stärker verdichtet kann das Ergebnis der Untersuchung auch in einem der folgenden Tafelbilder festgehalten werden:

Radfahrermentalität
Adolf Wormser

Dominanz des Militärischen ⟶ gesellschaftlicher Außenseiter
Schlettow ⟶ Voigt

Hierarchisch strukturierte Gesellschaft

Figurenkonstellation und Gesprächsverhalten

Schlettow – Wormser – Wabschke – Willy Wormser – Voigt ⟶

angesehene Position ⟶ Außenseiter

hohe Gesprächsanteile ⟶ geringe Gesprächsanteile
sprachliche Dominanz ⟶ sprachliche Unterlegenheit

Als vertiefende schriftliche Aufgabe bietet es sich an, das Verhalten Wormsers zu untersuchen, der zwischen Unterwerfung und arroganter Machtausübung ständig wechselt.

- *Vergleiche das Verhalten Wormsers gegenüber den anderen Personen in der ersten Szene, indem du geeignete Textstellen heraussuchst und diese auswertest.*

Alternativ:

- *Stelle dir vor, du brauchst einen maßgefertigten Anzug oder ein Kostüm vom Schneider. Würdest du es bei Wormser fertigen lassen wollen? Warum?*

1.2 ❐ Oben und unten, drinnen und draußen: Standbilder und Zeichnungen zur Verdeutlichung der gesellschaftlichen Hierarchie

Diese Arbeitsphase dient der Festigung und Vertiefung der in der Analyse schon gewonnenen Erkenntnisse. Der Begriff der Hierarchie, der im ersten Bausteinteil schon erkennbar wurde, wird hier explizit herausgearbeitet. Die Phase dient weiterhin als eine erste Vorbereitung auf das szenische Spiel, bei dem die Lernenden auf der Basis der Textgrundlage eine eigene Interpretation entwickeln sollen.

Erläuterung zum Verfahren „Standbild“ bzw. „sprechendes Standbild“:
Beim „Standbild“, einem pantomimischen Verfahren, geht es darum, sich ohne schauspielerische Leistungen in Figuren und Situationen hineinzuversetzen und Teile des sozialen Gefüges der Szene als symbolische, „eingefrorene“ Darstellungen sichtbar zu machen. Der bewusste Einsatz von Gestik, Mimik und Raum wird hierbei auch geübt um in späteren komplexeren Interpretationen differenzierter verfügbar zu sein.

Beim „sprechenden Standbild“ werden nach dem Einnehmen der erarbeiteten Position die vorbereiteten Sätze in die spannungsvolle Stille hinein gesprochen. Die angesprochenen Figuren dürfen hierauf mit einer Veränderung ihrer Haltung reagieren. Wann wer spricht, wird vorher nicht abgemacht. Dadurch wird das Zusammenspiel in der Gruppe geübt und die Sensibilität für die Aktionen der anderen Spieler gefördert.

Phase 1: Darstellung einer Figur in der Gruppe

Zunächst werden fünf Gruppen (für jede beteiligte Figur eine) gebildet. Dann wählt die Gruppe für ihre Figur (außer bei Willy Wormser) verbale Aussagen aus, die viel über ihr Verhalten und die Einstellung den jeweils angesprochenen Figuren gegenüber aussagen, und lernt diese Sätze auswendig (für jede angesprochene Figur). Danach üben die Gruppenmitglieder die angemessene Darstellung dieser kurzen Textstellen. Die Schülerinnen und Schüler überlegen sich dabei auch die für ihre Figur passende Körperhaltung und Mimik und probieren in der Gruppe verschiedene Möglichkeiten der Umsetzung aus.

Nach einer kurzen Einführung erhalten die Schülerinnen und Schüler folgenden Auftrag:

❐ *Jede Gruppe spezialisiert sich auf die Darstellung einer Figur der Szene. Jeder soll diese Figur als Standbild darstellen und hat dabei weiterhin die Aufgabe, mit jeweils einer kurzen Textstelle die Haltung zu den anderen Figuren zu verdeutlichen. (Welche Position hat eure Figur? Wie ist ihr Ansehen? Wie geht sie mit den anderen um?) Nachdem ihr die treffendsten kurzen Textstellen für eure Figur gefunden, besprochen und gelernt habt, probiert ihr in der Gruppe aus, diese Sätze wirkungsvoll zu sprechen. Achtet dabei auch auf den unterstützenden Einsatz von Gestik und Mimik.*

Einige Ergebnisse werden vorgestellt und besprochen. Wichtig sind Ermutigung und die Betonung des Anspruchshorizonts, um für die Schüler keinen Anschein von Beliebigkeit aufkommen zu lassen. Klare Anweisungen der Lehrperson zur Organisation helfen den Schülerinnen und Schülern, die komplexe Aufgabe zu bearbeiten. So kann es in vielen Gruppen hilfreich sein, die Aufgabe so zu konkretisieren, dass zunächst eine Standbildhaltung ausprobiert, ausgewählt und von allen Gruppenmitgliedern eingenommen wird. In einem zweiten Schritt wird dann der vorher ausgewählte Ausschnitt des Dialogtextes der Figur gemeinsam zu sprechen geübt. Auch hier kann die Aufgabe, eine gemeinsam getragene Version zu erarbeiten und zu üben, handlungsstützend sein.

Phase 2: Interaktion mit den geübten Textstellen

Nun werden die verschiedenen Figuren zur Interaktion gebracht. Dabei bedient sich jeder Teilnehmer genau der Textstellen, die vorher in der Gruppe geübt worden sind. Diese können auf einen Satz beschränkt werden. Für die Figur des Willy Wormser wird eine entsprechende Aussage (seine Reaktion des sich Duckens, des Verletztseins, etc.) rein körpersprachlich ausgeführt. In den meisten Klassen wird es günstig sein, diese Interaktion zentral für alle aufzuführen, damit lenkend eingegriffen werden kann. Die (neu zusammengestellte) Präsentationsgruppe erhält dabei folgenden Auftrag:

❒ *Ihr sollt mit Hilfe der einstudierten Stellen das Verhältnis der Figuren zueinander verdeutlichen. Dazu begebt ihr euch in eine eurer Figur entsprechende Haltung und „friert" diese als Standbild „ein". Wenn ihr angesprochen werdet oder selbst eine andere Figur ansprecht, könnt ihr eure Position verändern, so wie es der Situation entspricht. Wann ihr eure Sätze (immer nur zu einer Figur) sprecht, sollt ihr selbst entscheiden, lasst jedoch genügend Zeit dazwischen, damit auch eure Körperhaltungen zur Wirkung kommen können.*

Phase 3: Reflexion

Die Auswertung ist vor allem wichtig, um transferierbare Erkenntnisse zutage zu fördern und um die Einzelerfahrungen zu reflektieren, damit bei späteren ähnlichen Methoden eine Steigerung in Anspruch und Reflexionsniveau möglich wird.
Die Reflexion kann verschiedene Aspekte getrennt oder gemeinsam vertiefen:

Persönliche Ebene:

❒ *Wie hast du die Arbeit erlebt? Was fiel dir leicht, was schwer? Welche Ergebnisse und Erfahrungen bringt das Standbildverfahren für dich?*

Sachebene:

❒ *War die Beziehung zwischen Sprache und Haltung gelungen? Welche Gesten/Haltungen waren besonders treffend oder ausdrucksstark? Welcher Zusammenhang bestand zwischen Stimmgebung (Lautstärke, Tonhöhe, Klangfarbe, Artikulationsdeutlichkeit, Sprechtempo, Sprechmelodieverlauf), dem körperlichen Ausdruck der Figur und seiner Stellung zu den anderen Figuren?*

Verfahrensebene:

❒ *Worin bestehen Vorzüge und Schwierigkeiten bei der Umsetzung der Verfahren „Standbild" und „sprechendes Standbild"?*

Abschließend kann eine Gruppe von der Klasse modelliert werden um die Machtverhältnisse möglichst deutlich abzubilden. Dazu können die Schüler den pantomimischen Darstellern verbale Anweisungen geben oder diese in die entsprechend gewünschte Position führen. Wenn die Hierarchie durch einen Höhenunterschied ausgedrückt werden soll, können Requisiten zu Hilfe genommen werden.

1.3 ❒ Raum und Requisiten als Mittel der historischen und gesellschaftlichen Konkretion der Handlung

Die dominierende Rolle des Militärs lässt sich nicht nur am Handeln der Figuren ablesen, sondern zeigt sich auch in vielen Details der Szene, mit Hilfe derer es Zuckmayer gelingt, das militärdominierte Geschehen der ersten Szene zu konkretisieren und sinnlich erfahrbar werden zu lassen.

In diesem Bausteinteil sollen vor allem die Regieanweisungen untersucht werden, in denen Zuckmayer sehr genau (hierin zeigt sich die Nähe zum naturalistischen Drama) vorschreibt, in welcher Bühnensituation die von uns schon zuvor untersuchten Texte zur Wirkung kommen. Eine solche eingehende Untersuchung erscheint hier aus drei Gründen ratsam:

- Zum Ersten wird den Schülerinnen und Schülern die Bedeutsamkeit der Regieanweisungen an dieser Szene sehr deutlich, da sie viele aufschlussreiche Informationen enthalten und Anregungen zur Interpretation geben.
- Zum Zweiten werden Regieanweisungen von Lernenden oft nicht genügend beachtet, was häufig dazu führt, dass sie sich die Handlung nicht plastisch vorstellen können und damit einen wichtigen Zugangsschlüssel verlieren.
- Zum Dritten zeigt sich in vielen Details Zuckmayers Parteinahme und Humor, sodass eine eingehende Beschäftigung mit den Regieanweisungen ästhetischen Genuss mit Erkenntnisgewinn verbinden kann.

Die Dominanz des Militärs zeigt sich außer in den Dialogen auch in der Ortswahl (Uniformschneiderladen) und der Ausgestaltung des Raumes mit vielen Merkmalen des Militärischen (Bilder, Uniformstücke, Uniformen), in der Verwendung von Marschmusik, im Auftreten von Vertretern des Militärs und in der militärisch geprägten Art des Auftretens der Figuren (z.B. „stramme Haltung“). Somit kann an dieser Szene exemplarisch erarbeitet werden, dass die Regieanweisungen wichtige Aussagen über die Zeit und die gesellschaftlich bestimmenden Kräfte enthalten. Zusätzlich zeigt sich in der Auswahl und Darstellungsweise schon Zuckmayers Kritik am wilhelminischen Militärstaat, indem dieser Elemente des Militärischen lächerlich macht und die „Gesäßkneppe“ zum zentralen Thema wählt.

Die Beschäftigung mit den Regieanweisungen kann vom schon eingeführten Aspekt des Militärischen ausgehen. So kann den Schülern und Schülerinnen in einer Stillarbeitsphase die Aufgabe gestellt werden, in den Regieanweisungen alle Stellen aufzuspüren und zu unterstreichen, die auf Militärisches verweisen. Als Strukturierungshilfe kann dabei folgende Aufgabe gestellt werden:

❒ *Stelle dir vor, du siehst als Zuschauer zu Beginn die erste Szene des Schauspiels, über das du bisher noch nichts weißt. Unterstreiche die Stellen in den Regieanweisungen, die angeben, was du siehst und hörst. Fasse deine Beobachtungen zusammen.*

Die Textstellen herauszufinden wird für die meisten Schüler kein Problem darstellen, sie in Gruppen zusammenzufassen, schon eher. Eine Sicherung bietet sich im lehrergelenkten Unterrichtsgespräch an, um auf diese Weise zu gewährleisten, dass alle Schüler verstanden haben, mit welchen szenischen Mitteln die Omnipräsenz des Militärs von Zuckmayer gezeigt wird.

Zusatzinformation:

Regieanweisungen: Texte des Autors, die nicht von den Schauspielern gesprochen werden und Anweisungen oder Vorschläge zur Darstellung des Textes auf der Bühne beinhalten. Sie können sehr knapp sein und nur grob die Orts- und Zeitangaben sowie einfachste Handlungsanleitungen enthalten, können aber auch sehr detailliert die Wirklichkeit in der Szene vorschreiben.

Die Dominanz des Militärs in den Regieanweisungen

Militärisches zeigt sich außer in den Dialogen in:

- der Ortswahl (Uniformschneiderladen)
- der Ausgestaltung des Raumes mit vielen Merkmalen des Militärischen (Bilder, Uniformstücke, Uniformen)
- der Marschmusik (erst anschwellend, die ganze Szene über hörbar)
- dem Auftreten von Vertretern des Militärs (von Schlettow, marschierende Soldaten)
- der Art des Auftretens der Figuren (z.B. „stramme Haltung")

→ Militärisches beherrscht die gesamte Szene
→ militaristische Gesellschaft

Nach dieser Sammlung sollte nicht versäumt werden, mit den Schülern die Frage zu untersuchen, ob Zuckmayer die Realität um 1900 einfach wiedergibt oder ob schon in den Regieanweisungen seine Haltung zum Militärischen zum Ausdruck kommt.

❐ *Gibt es Hinweise darauf, dass Zuckmayer im Stück Kritik am Militär äußern wird?*

❐ *Wie versteht ihr die Stelle „komplette Uniformen auf Holzpuppen ohne Kopf" (7/16)? Interpretiert die Begriffe „Holz" und „Puppen" und die Aussage „ohne Kopf".*

In Klassen, die auf kreative Aufgaben gut ansprechen, kann (eventuell als Wahlaufgabe) die Bühne gezeichnet werden, wie sie sich dem Zuschauer gleich zu Beginn der Handlung darstellt. Dabei hilft die Vorgabe der Vorlage um die Dreidimensionalität der Zeichnung zu unterstützen. Diese sollte mindestens in Größe DIN A4 vorliegen, um genügend Platz für die zahlreichen Details zu haben. Die Erstellung einer Zeichnung hat neben der größeren Anschaulichkeit auch den Vorteil, dass die Regieanweisung des Beginns sehr genau gelesen und damit wirklich erfahrbar wird, wie detailliert Zuckmayer die szenische Umgebung der Dialoge vorschreibt (siehe Arbeitsblatt 2).

Als zweiter Teil der Beschäftigung mit den Regieanweisungen sollte untersucht werden, wie der in dieser Szene fast sprachlose Voigt eingeführt wird, was auch zur zweiten Szene überleitet. Einerseits wird Voigt durch sein Äußeres sofort als Außenseiter erkennbar, ebenso wichtig ist jedoch auch sein verstörtes und verschüchtertes Auftreten, das ihn sofort als Verlierer erscheinen lässt. Da den Schülern mittlerweile bekannt ist, dass die Regieanweisungen wichtige Aussagen enthalten, kann eine schriftliche Aufgabe gestellt werden, die ein höheres Maß an Selbstständigkeit verlangt.

❐ *Finde auf den Seiten 11-13 heraus, wie Voigt in die Handlung eingeführt wird. Wodurch wird er sofort als Außenseiter erkennbar? Berücksichtige die Dialoge und Regieanweisungen.*

Als kleine Szene können auch die folgenden beiden Kleinstdialoge in Partnerarbeit angespielt werden, wobei auf die Ausgestaltung des Textes durch adäquate Sprechweise und Andeuten entsprechender Körperhaltung etc. Wert zu legen ist. Eine Hilfe beim Finden einer angemessenen Sprechweise ist die Interpunktion, die einiges von den anzustrebenden Stimmungen andeutet.

Wormser: Na, das is er ja wieder!
Was wollense denn? Habense was abzugeben?
Voigt: – Nee. (10/35ff.)

Wormser: Da is ja der Mensch schon wieder –
Was wollense denn?!
Wollense Was? Was habense denn hier zu suchen?
Voigt: Ick wollte mir nur mal erkundigen –
Wormser: Raus!! Hier wird nich gebettelt!! (11/36ff.)

Als Alternative bietet sich zum Abschluss der Behandlung auch ein verfremdendes Erweiterungsverfahren an. Hierbei ergänzen die Schülerinnen und Schüler in einer Gruppenarbeit den oben abgedruckten oder einen anderen kurzen Ausschnitt. Sie fügen Kommentare, erklärende Texte oder direkte Ansprachen an die Figuren oder das fiktive Publikum ein:

❒ *Lest oder sprecht die Szene I.1 (oder Teile daraus) erneut mit verteilten Rollen. Ergänzt den Vortrag durch selbst verfasste Kommentare oder direkte Ansprachen an die Figuren. Dabei sollte euer Verständnis der Szene zum Ausdruck kommen.*

Notizen

Bühnenskizze zur ersten Szene

Versuche, die Bühne zur ersten Szene aus der Perspektive des Zuschauers zu zeichnen. Stütze dich dabei auf die Angaben in den Regieanweisungen. Die Figuren brauchst du nicht zu zeichnen, damit der Raum und die Requisiten deutlicher zur Geltung kommen.

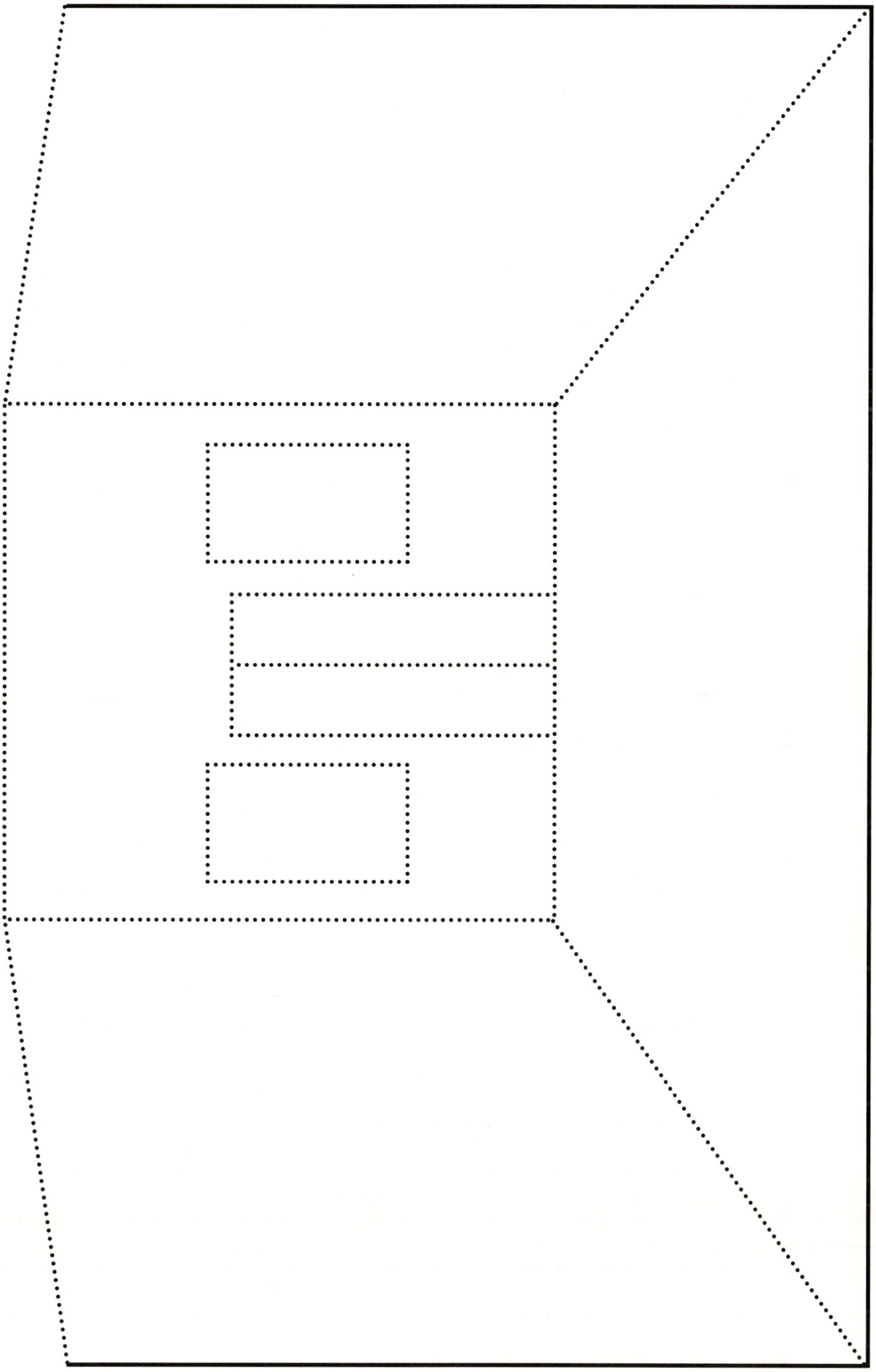

Baustein 2

Wilhelm Voigt als chancenloser Außenseiter

In der zweiten Szene der Komödie tritt Voigt erstmals als Zentralfigur auf. Die Szene besitzt zweierlei Funktion: Einerseits wird Voigts Vorgeschichte mitgeteilt, andererseits werden seine gegenwärtige Situation und sein Hauptproblem, dass ihm die Voraussetzungen einer bürgerlichen Existenz vorenthalten bleiben, eingeführt. Das schon in der ersten Szene vorgeführte arrogante und befehlende Auftreten von gesellschaftlich Höhergestellten zeigt sich hier im Verhalten des Oberwachtmeisters (der namenlos bleibt, also auf seine Dienststellung reduziert wird), seinem „Untergebenen" Schlickmann und dem „Bittsteller" Voigt gegenüber.

2.1 ❐ Wer ist Wilhelm Voigt?

Personenbeschreibung Wilhelm Voigts:

Gerade in der zweiten Szene bietet es sich an, das wichtige Verfahren der Personenbeschreibung (als Vorübung zur Charakterisierung) zu üben. Dabei werden das aufmerksame Lesen, das gezielte Heraussuchen bestimmter Informationen (möglichst mit Unterstreichungen) und das Gliedern dieser Informationen geübt. Die Qualität einer Beschreibung misst sich daran, ob es einem anderen Menschen möglich wäre, die beschriebene Person wiederzuerkennen. Als kleine handlungsorientierte Lernerfolgskontrolle kann in einer Partnerarbeit versucht werden, die Beschreibung des Partners/der Partnerin in eine kleine Skizze umzusetzen. Sind die wesentlichen äußeren Merkmale enthalten, kann man Voigt schon eindeutig identifizieren?

Neben der zweiten Szene enthalten auch die Szenen 1 und 4 Informationen über Voigt. Die Schüler erhalten folgenden Auftrag:

❐ *Erstelle einen Steckbrief, in dem Voigt möglichst genau beschrieben wird. Verwende dazu die Beschreibungen und Informationen über Voigt in der 1., 2. und 4. Szene. Fertige dazu auch eine Zeichnung an, die gegebenenfalls im Klassenraum ausgestellt wird.*

Mit dem Heraussuchen der zur Beschreibung nötigen Informationen werden die Schülerinnen und Schüler wahrscheinlich keine größeren Schwierigkeiten haben. Die Aufgabe kann als Hausaufgabe mit dem wichtigen Nebeneffekt des Lesetrainings (drei Kapitel sind zu lesen) oder arbeitsteilig im Unterricht bearbeitet werden. Wichtig ist, die Fülle der herauszufindenden Informationen zu strukturieren und den Lernenden die Bedeutung dieser Ordnung verständlich zu machen.
Eine Struktur kann vorgegeben werden, z.B.:

- Allgemeines:
- Körperbau:
- Gesicht:
- Kleidung
- Auffälligkeiten (Auftreten, Sprache...)

Es erfolgt dann der Auftrag, die entsprechenden Informationen herauszusuchen und den Gesichtspunkten zuzuordnen.
Die Gliederung kann aber auch mit den Schülern entwickelt werden, bevor die Suche nach den Details beginnt.

❒ *Wir werden in den Szenen 1, 2 und 4 viele Informationen über Wilhelm Voigt finden. Um diese vielen Informationen überblicken zu können ist es ratsam, eine Gliederung zu entwickeln, die die Informationen in verschiedenen Kategorien (Ordnungsgruppen) zusammenfasst. Welche Gliederungskategorien könnten wir verwenden um einen übersichtlichen Steckbrief von Voigt zu erstellen?*

Erwartungsbild (nach der vorgeschlagenen Gliederung):

Steckbrief des Vorbestraften Wilhelm Voigt

- **Allgemeines:**

Name:	Voigt, Wilhelm
Alter:	46 Jahre
Beruf:	Schuster
Geburtsort:	Klein Pinchow
Wohnort:	obdachlos, ohne ordentliche Papiere; d.h. ohne Aufenthaltserlaubnis, mehrfach vorbestraft

- **Körperbau:** schmächtig, gebückt
- **Gesicht:** starke Backenknochen, fahle Hautfarbe, hageres Gesicht
- **Kleidung:** abgetragener, jedoch nicht schmutziger dunkler Anzug, kragenloses Hemd, steifer Hut
- **Auffälligkeiten:** ausgeprägter Berliner Dialekt, verwendet Redensarten und sprachliche Bilder, weitsichtig (Lesebrille), nicht schüchtern oder unterwürfig vor den Behörden, gibt Widerworte

2.2 ❒ Ein Schein um zu sein: Voigt in den Mühlen der Bürokratie

Voigts Vorgeschichte und seine Straftaten:

Um die Vorgeschichte Voigts und die Straftaten im Verlauf des Stückes nicht zu kleinschrittig zu rekonstruieren, ist es hier nötig, mehrere Szenen parallel zu überblicken. Die nötigen Informationen finden sich in der 2., 6. (S.44ff.), 7. (S.53), 8. (S.59) und 9. Szene (S.68) und für die Köpenickiade v.a. in den Szenen 18 und 19. Die Schülerinnen und Schüler erhalten den Auftrag:

❒ *Lies die entsprechenden Szenen und unterstreiche zunächst alle Informationen über Voigts Straftaten und deren Ursachen und Folgen.*

	Zeit	Ursachen	Delikte	Strafen/Folgen
Vorge-schichte	ca. 1883	Voigt wollte seiner Freundin etwas spendieren, obwohl er arm war	Posturkundenfälschung, 300 Mark	15 Jahre Zuchthaus
Vorge-schichte	ca. 1898	chancenlos mit Vorstrafe, daher Versuch eines Neubeginns mit neuer Identität als Friedrich Müller	Melde- und Passvergehen, Irreführung der Behörden, versuchte Urkundenfälschung	15 Monate Gefängnis
1. Akt	ca. 1900	keine Chance, legal einen Ausweis zu bekommen	Einbruch in das Polizeibüro in Potsdam	10 Jahre Strafanstalt Plötzensee, Ausweisung
2. u. 3. Akt	ca. 1910	Ausweisung, Chancenlosigkeit	Hochstapelei, Diebstahl von 4042 Reichsmark	???

In einem gelenkten Unterrichtsgespräch wird dann gemeinsam die vorstehende Tabelle ausgefüllt, wobei darauf geachtet werden sollte, dass die Schüler die herausgefundenen Sachverhalte genau belegen. Neben dem Sammeln der faktischen Basis ist es von entscheidender Bedeutung für das Verständnis der Komödie, den Zusammenhang von sozialer Situation, krimineller Handlung und juristischer Reaktion des Staates herauszustellen. So gibt es neben den linearen Kausalketten auch den großen Zusammenhang, der sich für den stigmatisierten Voigt als Schicksal darstellt, dem er mit jeder weiteren Straftat wieder zu entrinnen versucht.

Zusammenfassend lässt sich das Verhältnis von Kriminalität, Ursachen und Strafe/Folge als Kreislauf darstellen:

Voigt erkennt schon in der zweiten Szene, dass er keine Chance bekommt, auf legalem Wege aus dem „Karussell“ (17/25) herauszugelangen. Diese „Kaffee-

mihle“ (17/26), in der jede Strafe durch die folgende soziale Ausgrenzung gleichzeitig die Ursache für die nächste Straftat darstellt, droht ihn zu zermalmen. Voigts Delikte sind also keineswegs mit den sehr harten Strafen abgegolten, sondern verhindern auch später noch ein normales Leben. Sein Lebenswille lässt ihn immer wieder aufs Neue versuchen, sich eine günstigere Ausgangsposition für einen Neuanfang zu schaffen, als es ihm der Staat zugesteht.
Nachdem dieser Zusammenhang hergestellt wurde, können die Schüler einige Aussagen über die dargestellte Gesellschaft leicht herausarbeiten.

❐ *Wie geht der Staat mit Voigt als gestraucheltem Menschen um?*
Welche Folgen können übergroße Härte und Ausgrenzung haben?

Nach der Erkenntnis von Zuckmayers Kritik an einem Staat, der Menschen kriminalisiert und ihnen keine Chance zur Reintegration gibt, bietet es sich nun an, mit den Schülern darüber zu diskutieren, wie Voigt sinnvoller hätte bestraft werden können. Gerade vor dem Hintergrund der gegenwärtig stark diskutierten Frage, wie die Gesellschaft mit jugendlichen Straftätern umgehen soll, gewinnt Voigts Situation, die den Kreislauf von Straftat, Strafe, Ausgrenzung und neuer Straftat demonstriert, an Aktualität und Lebensrelevanz für die Schüler. Vor Bagatellisierung muss natürlich ebenfalls gewarnt werden.

Um die oben aufgezeigten Fragen zu vertiefen und die Schüler zu einer stärker persönlichen Auseinandersetzung damit anzuregen, kann eine vorbereitete Diskussion durchgeführt werden. Dabei erarbeiten sich die Schüler zunächst in Gruppen einen Standpunkt und sammeln Argumente. Die Fragen sind als Entscheidungsfragen formuliert um eine klare Positionierung der Gruppen zu erreichen, die Positionen müssen aber im Folgenden begründet werden. Da sich die Gruppen jeweils auf einen gemeinsamen Standpunkt einigen müssen, wird es schon innerhalb der Gruppen angeregte Diskussionen geben. Diese werden für die Klasse nutzbar gemacht, indem die Gruppen ihre wichtigsten Argumente aufschreiben und ein Vertreter diese dann vorträgt, sodass ein Vergleich mit den anderen Arbeitsergebnissen möglich ist.

❐ *Erarbeitet in der Gruppe einen gemeinsamen Standpunkt zu folgenden Themen und Fragen. Macht euch Notizen, in denen ihr eure wichtigsten Argumente festhaltet.*

1. *Hätte man Voigts erste Straftat besser ahnden können?*
2. *Stimmt der Satz des Oberwachtmeisters: „Das Strafmaß entspricht immer ganz genau der Schwere des Delikts“?*
3. *Wurden von den Behörden Fehler im Umgang mit Voigt gemacht?*
4. *Wie würde der Oberwachtmeister reagieren, wenn ihm Voigt darlegen würde, dass seine Straftaten fast zwangsläufig aus seiner Notsituation resultierten?*

Als weiterführender Gesichtspunkt bietet sich eine Aufgabenstellung an, die inhaltlich eine Sicherung darstellt, jedoch einen Transfer beinhaltet und die sprachliche Gestaltung stärker fokussiert.

❐ *Voigt gebraucht im Verlauf des Stücks mehrmals Vergleiche und Metaphern, die seine Sicht der Dinge, seine Situation sehr anschaulich darstellen. Finde möglichst viele solcher Ausdrücke in der 2. Szene und erläutere dann, was Zuckmayer mit diesen sprachlichen Bildern verdeutlicht.*

Textstellen (für den Lehrer):

Vergleich (15/17f.): „Det is, wie wennse ne Laus uff ne Glasscheibe setzen. Da kannste nu krabbeln und krabbeln un rutscht ejal immer wieder runter.“
Metapher (16/20): „Da wollt ick mir nu die Neese aus det Jesichte reißen.“
Metapher (16/25): „Als Wilhelm Voigt, da hab ick nischt zu gewinnen in de Lotterie.“

Metaphern (17/21f.): „det iss nu'n Karussell, det iss nu ne Kaffemihle."
Vergleich (mit Synekdoche) (17/12): „'n Papier, [...] det brauch ich doch neetijer als det tägliche Brot!"
Vergleich (18/19f.): „Ick kann ja nu mit de Füße nich in de Luft baumeln, det kann ja nur'n Erhenkter!"
Metapher (18/25f.): „mir hamse jebrannt, det langt forn Rest!"

Für den Fall, dass die Fragen um Voigts Schuld und Bestrafungen im Kontext der gesellschaftlichen Umstände intensiver diskutiert werden sollen, gibt es evtl. Kooperationsmöglichkeiten mit anderen Fächern wie Politik oder Religion.

2.3 ❒ „Ham' se jedient?" – Voigt im Militärstaat

Für die Komödie ist Voigts Verhältnis zum Militär schon deshalb entscheidend, da diesem ja als verkleideter Hauptmann sein Geniestreich gelingt. Bereits in der ersten Szene wurde die Rolle des Militärischen thematisiert, wobei beim Uniformschneider Wormser natürlich eine besondere Abhängigkeit vom Militär vorliegt. Wie sieht es nun in anderen Bereichen der wilhelminischen Gesellschaft aus? Ist sie eine zivile Gesellschaft, inwiefern dringt militärisches Denken und Handeln in den Alltag ein, hat Voigt als „Nichtgedienter" Chancen Fuß zu fassen?

In der 4. Szene verbindet sich der Bürokratieaspekt der 2. Szene (gegenseitige Bedingtheit von Arbeit und Aufenthaltserlaubnis) mit dem Aspekt des Militärischen. Voigt hätte als gelernter Maschinenarbeiter und Schuster die passenden Voraussetzungen für die Stelle, um die er sich in der Schuhfabrik bewirbt. Seine Chancen sinken mit seinem Bekenntnis, dass er nicht beim Militär war und vorbestraft ist; letztlich unmöglich wird seine Einstellung jedoch durch das Fehlen der Papiere (vgl. 2. Szene).

Der Prokurist (leitende Angestellte) Knell regiert sein Personalbüro wie ein diktatorischer General. Seine Äußerungen bestehen größtenteils aus Befehlen oder (ebenfalls beim Militär oft anzutreffenden) Anzüglichkeiten. Dieser Gegensatz zwischen „Zucht" und Schlüpfrigkeit einerseits und zwischen Militärsprache und Umgangssprache (mit beruflich bedingten Sprachvarietäten) ergibt die Komik dieser überschaubaren Szene, die sich gut zum Ersprechen oder Erspielen[1] eignet. Beim analytischen Zugang ist herauszustreichen, dass

- Knells Sprache und Umgangsweise militärisch befehlend sind, was exemplarisch zeigt, dass auch die Arbeitswelt um die letzte Jahrhundertwende, mithin das Denken und Handeln vieler Bürger, stark von Erfahrungen des Militärischen geprägt war,
- dem Militär offenbar bei der Erziehung zu „Ordnung" (=Befehle widerstandslos ausführen) eine wichtige Rolle zukommt (vgl.: Zusatzmaterialien S. 77),
- Knell sich durch das Lied selbst bloßstellt,
- Voigt aufgrund seiner fehlenden Papiere zwar keine Arbeit erhält, aber seine Ehrlichkeit, sein Selbstbewusstsein und seinen Witz beweist.

[1] Mit den Begriffen „Ersprechen" und „Erspielen" soll die Funktionalität beider Handlungen für das Gewinnen eines Verständnisses der zugrunde liegenden Texte betont werden.

Ersprechen der Szene:

Zunächst wird die Szene still gelesen und evtl. anschließend einmal mit verteilten Rollen vorgetragen. Die Regieanweisungen werden hierbei weggelassen. An die Schüler wird danach der Auftrag gegeben, in Gruppenarbeit (Vierergruppen) die Szene vorzutragen, sodass sich ein lebendiges Bild der Vorgänge ergibt. Die Rollenverteilung kann evtl. von den Schülern und Schülerinnen selbst vorgenommen werden, die ihre individuellen Stärken und Schwächen beim Vortragen am besten einschätzen können. Zunächst bereitet jeder den Text seiner Figur für den Vortrag vor.

❐ *Bereite den Text der Figur, die du vorlesen sollst, für den Vortrag vor, indem du entsprechende Vortragszeichen einträgst. Diese sollen deine Überlegungen in Hinblick auf das Redetempo, auf Sprechpausen, auf besonders betonte Wörter, auf den Ausdruck (z.B. scharf, nachdrücklich, vorsichtig...) und andere Besonderheiten festhalten. Sie dienen dir auch als Hilfe beim Sprechen, da du dich dann besser an deine Überlegungen erinnern kannst. Weiterhin hilft es dir, den Tonfall richtig zu treffen, wenn du eine passende Körperhaltung der Person zumindest andeutest.*

Vorschläge für Vortragszeichen:

- betonte Wörter unterstreichen
- für Pausen einen senkrechten Strich einfügen
- für Tempobeschleunigungen einen nach rechts zeigenden Pfeil unter die entsprechende Passage setzen
- Besonderheiten in wenigen Wörtern an den Rand schreiben

Besondere Würdigung sollte das Militärische in der Sprache und Sprechweise Knells finden, das von den Schülern in der Auswertung schnell erkannt wird.
Die Fixierung der Ergebnisse sollte im Anschluss an die Darstellung der gesprochenen Dialoge durch mindestens zwei Gruppen erfolgen. Es ist auch gut möglich, nur Teile des Dialogs vortragen zu lassen, wobei S. 35/20-31 (Knell und der erste Arbeitssuchende) und S. 35/36 – S. 36/32 (Knell und Voigt) die wichtigsten Abschnitte sind. Im Arbeitsauftrag für das Ersprechen sollte betont werden, dass die Figuren, die ja hier nur über ihre Art zu sprechen in Erscheinung treten, eben durch diese Sprechweise mit charakterisiert werden.

Folgende Ergebnisse können festgehalten werden:

Der Prokurist Knell: Ein „Offizier" im Büro

- häufige Verwendung von Imperativen, z.B. „Raus!" (vgl. 1. und 2. Szene)
- militärspezifische Lexik
  - Fachsprache: Charge (Rang, „...tretense an" (S. 35/Z. 29))
  - Jargon: gedient, gestanden
- Knappheit der Formulierungen, Ausrufesätze
- Betonung der militärischen Laufbahn vor der Wahrnehmung der Persönlichkeit (siehe Reihenfolge der Fragen und Aussagen beim ersten Arbeitssuchenden)
- Sprechweise (laut, fordernd, dominant, „Kasernenhofton")
- Ansprache der Person ohne Namen oder „Herr..." (respektlos)

Erspielen der Szene:

Alternativ oder anschließend an das Ersprechen kann die Szene gespielt werden. Hierbei besteht neben der adäquaten Realisierung der Sprachhandlungen (siehe oben) für die Schüler die Aufgabe, mit elementaren Requisiten wesentliche szenische Elemente darzustellen. Besonders geeignet ist diese Szene auch, da die benötigten Requisiten ohnehin in den meisten Unterrichtsräumen vorhanden sind und wenig Platz benötigt wird. Weiterhin sollen die Schüler daran arbeiten, Körperhaltungen und -positionen zu finden, die das Machtverhältnis zwischen Knell, den Angestellten und den Bewerbern gut zum Ausdruck bringen. Hierbei sollte auch deutlich werden, dass Voigt die üblichen Rituale des Militärischen weder mitspielen kann noch will. Voigt verhält sich nicht so unterwürfig wie der erste Arbeitssuchende und bewahrt in dem Gespräch seine Individualität und Würde.
Die Auswahl der Gruppen, die vorspielen, kann (um Spannung und Fairness sicherzustellen) per Los geschehen. Die Präsentation sollte durch eine Reflexion abgerundet werden, um die Leistungen der Schülerinnen und Schüler in den Anspruchshorizont einzuordnen und gelungene Teilleistungen besonders zu würdigen. Dabei können die unten stehenden Fragen, die von den nicht spielenden Schülern beantwortet wurden, als Strukturhilfe dienen. Es geht hier weniger um die schauspielerischen Leistungen der Schülerinnen und Schüler als um die Darstellung ihres Verständnisses von der Szene.

❒ *Achte auf folgende Gesichtspunkte, während die Präsentationsgruppe vorspielt:*
- *In welchen Redeweisen wurden die Machtverhältnisse besonders deutlich?*
- *Welche Körperhaltungen fandest du besonders gelungen, um die Machtverhältnisse darzustellen?*
- *Fandest du die Darstellung Voigts seinem Charakter angemessen?*

2.4 ❒ Die Inhaltsangabe als Hilfe beim Textverständnis

Mit der 4. Szene ist den Schülern die Situation Voigts hinreichend klar und die gesellschaftlichen Verhältnisse sind ansatzweise präsent. Im Verlauf der Unterrichtsreihe stellt sich nun das Problem, bei hinreichender Textarbeit im Detail einen Überblick und ein Gesamtverständnis zu gewinnen und Einzelaspekte gezielt zu behandeln. Dazu bietet sich das Mittel der Inhaltsangabe hier in besonderer Weise an.

Wird die Inhaltsangabe erst eingeführt, muss zunächst das Verfahren erläutert und geübt werden. Ist es bekannt, was vielfach zu erwarten ist, kann schneller und evtl. gleich arbeitsteilig (verschiedene Schüler fassen verschiedene Szenen zusammen) vorgegangen werden. Die Inhaltsangabe besitzt in diesem Zusammenhang zweierlei Funktion: Sie hilft dem Verfasser die Szene in ihrem Kerngehalt zu erfassen und arbeitet den Mitschülern zu, indem sie als informierender Sachtext die Voraussetzungen für die gemeinsame Textarbeit leistet. Neben den formalen Anforderungen, die an eine Inhaltsangabe zu stellen sind, haben Schüler oft auch Schwierigkeiten, die Fülle von Informationen, die im Text enthalten sind, auf das Wesentliche zu reduzieren. Um diese Schwierigkeiten zu bewältigen, wird zunächst ein getrenntes Verfahren vorgeschlagen, das sich erst auf die Sicherung der Inhalte und in einem weiteren Schritt um die formal richtige Darstellung bemüht.

Wenn das Verfahren zunächst gemeinsam geübt werden soll, schlagen wir eine umfangreiche Szene, etwa die 3. Szene vor, da gerade bei längeren Szenen eine

Verdichtung der Textmasse für die Schüler wichtig ist. Diese Vorarbeit für die Inhaltsangabe sammelt die Informationen in ähnlicher Weise, jedoch etwas ausführlicher und genauer als bei der Erstellung des Szenenspiegels.
Die Bearbeitung sollte durch eine vorbereitende Aufgabe unterstützt werden:

❐ *Lies die 3. Szene und unterstreiche alle wichtigen Informationen. Dazu gehören:*
- *Hauptfiguren*
- *Ort, Zeit*
- *die wichtigsten Handlungen*
- *zentrale Aussagen*
- *sonstige Informationen/Konsequenzen für den Fortgang der Handlung*

Übertrage deine Ergebnisse dann knapp und geordnet in dein Heft.

Die Besprechung kann damit beginnen, dass zwei Schülerinnen oder Schüler ihre Ergebnisse vorlesen, während die anderen vergleichen. Dabei kommt die Rede zwangsläufig darauf, welche Informationen unbedingt enthalten sein müssen und welche verzichtbar sind. Weiterhin stellt die Zusammenfassung der Handlung schon eine Verdichtung dar, die das Verständnis des Verfassers zum Ausdruck bringt und somit durchaus verschiedene Qualität haben wird. Besonders günstig ist es für den Lernprozess, wenn sich die Schüler in dieser wichtigen Phase der Sensibilisierung gegenseitig kritisieren oder verstärken. Gemeinsam wird dann auf Folie ein Ergebnis festgehalten, das etwa so aussehen kann:

Stichwortsammlung für die Inhaltsangabe:

Inhalt der 3. Szene

- **Hauptfiguren:** von Schlettow, Voigt
- **Ort, Zeit:** Café in Berlin (Rotlichtmilieu), Sonntagvormittag
- **Handlung:** Voigt und Kalle haben nicht genug Geld, um die Plörösenmieze, eine Prostituierte, zu bezahlen; Voigt ist liebenswürdig unbeholfen; Kalle ist gereizt, weil ein Soldat in Uniform Geld hat und besser bei der Plörösenmieze ankommt, und beginnt Streit; v. Schlettow, der sich nicht in diesem Lokal aufhalten darf, provoziert eine weitere Prügelei durch Anmaßung von militärischer Autorität, die er aber nicht hat, da er in Zivil ist; v. Schlettow wird festgenommen
- **zentrale Aussage:** Macht und Ansehen werden durch die Uniform verliehen.
- **sonstige Informationen/Konsequenzen für den Fortgang der Handlung:** Voigt ist obdachlos, sucht immer noch Arbeit, will sich nicht von Kalle zu Straftaten verleiten lassen, erkennt, dass das Ansehen der Person von der Kleidung abhängt.

Nachdem diese Informationen zusammengetragen worden sind, geht es in einem zweiten Schritt darum, den formalen Anforderungen gerecht zu werden.

Diese Aufgabe lässt sich gut in einen fiktiven Schreibanlass einbetten, der stärker motivierenden Charakter trägt. Den Schülern wird nun die Aufgabe gestellt, für jemanden, der die Szene nicht kennt, eine kleine Zusammenfassung zu verfassen. Diese soll neben den wichtigsten Aussagen auch eine ganz knappe Einordnung in den Zusammenhang des Stückes ermöglichen und ein Verständnis der Szene gewährleisten. Mögliche Adressaten sind Mitschüler (über Plakate im Raum oder in der Schule), Familie oder ein Publikum einer szenischen Aufführung (diese Szene eignet sich auch besonders gut zum Spielen).

Zunächst wird gemeinsam überlegt, wie eine solche Inhaltsangabe gestaltet sein müsste, und mithilfe des Lehrers folgender Kriterienkatalog erarbeitet:

Anforderungen an eine Inhaltsangabe

Ziel:

Die Inhaltsangabe soll eine sachliche Information über einen Text ermöglichen.

Aufbau:

A Einleitung (Autor, Textart, Entstehungszeit, Thema/Handlungsüberblick, bei einer Szene eventuell Einordnung in den Gesamtzusammenhang)

B Hauptteil (Wiedergabe der Handlung/des Gesprächsverlaufs, W-Fragen beantworten zu Personen, Ort, Zeit, Ursachen und Folgen des Handelns)

C Schluss (abschließende Deutung oder persönliche Wertung)

Besondere Hinweise:

- Die Darstellung erfolgt im Hauptteil entsprechend der zeitlichen Reihenfolge der Handlungsteile.
- Darstellungsstil: sachlich, ohne Spannungselemente, nicht am Stil der Vorlage orientieren, keine wörtliche Rede, wichtige Aussagen in indirekter Rede wiedergeben
- Tempus: Präsens

Das Verfahren der Inhaltsangabe kann und sollte in den Folgestunden vertieft und geübt werden. Besonders wichtig ist es, darauf zu achten, dass die Lernenden weder in den Stil der Vorlage noch ins Nacherzählen verfallen und hinlänglich verdichten. Inhaltsangaben von nicht im Detail behandelten Szenen, die als Hausaufgaben angefertigt und in den Stunden vorgetragen und bewertet werden, bieten hierzu genügend Übungsmöglichkeiten. Das Herausziehen der Informationen kann – wenn es gesondert geübt werden soll – auch in Kleingruppenarbeit geschehen; die Ergebnisse können auf Plakaten im Klassenraum aufgehängt werden.

Anregungen für die Besprechung von Inhaltsangaben als Hausaufgabe:

a) Die Schüler und Schülerinnen erhalten die Aufgabe, sich während des Vortrags ihres Mitschülers Notizen zu machen. Diese konstruktive Kritik sollte unbedingt an den Vortragenden gerichtet sein, nicht an die Lehrerin oder den Lehrer.

❑ *Welche Aspekte sind besonders gut gelungen, welche sind verbesserungsbedürftig?*

b) Zwei Hausaufgaben werden vorgetragen und verglichen. Dabei sollte der Lehrer oder die Lehrerin die Auswahl der Vortragenden treffen.

❐ *Welche Gemeinsamkeiten bestehen, welche Unterschiede wurden deutlich? Wie sind diese Unterschiede zu bewerten?*

c) Anhand des Kriterienkatalogs (siehe oben) werden die Hausaufgaben bewertet. Dazu arbeiten die Schüler in Kleingruppen gemeinsam eine begründete Beurteilung/Wertung aus.

❐ *Wurden die Kriterien eingehalten; ist hinlänglich verdichtet worden; gelang es, die Szene in ihrem Kerngehalt zu erfassen?*

Notizen

Baustein 3 Leidenswege und Abstiege: Voigt und die Uniform zehn Jahre später

3.1 ❐ Hoprechts Nächstenliebe und Ignoranz

Der 2. und 3. Akt spielen zehn Jahre nach dem 1. Akt. Voigts Status hat sich nicht verändert; als Vorbestrafter sind wieder die fehlenden Papiere sein größtes Problem. Zentral stehen hier die Diskussionen mit Hoprecht (9. und 14. Szene) und die Mädchenszene (12. Szene), in der Voigt menschliche Wärme und Lebenswillen zeigt. Konzentrieren wir uns zunächst auf die erste Begegnung mit Hoprecht. Hier ist es angebracht, mit den Schülerinnen und Schülern in Textarbeit ein differenziertes Charakterbild dieser nicht unsympathischen Figur zu entwerfen.
Als Vorbereitung können folgende Aufgaben alternativ gestellt werden:

❐ *a) Verfasse eine Inhaltsangabe der 9. Szene.*

❐ *b) Versetze dich in die Lage Hoprechts, des Schwagers von Voigt. Wie hättest du dich verhalten, wenn der gerade entlassene Voigt zu dir gekommen wäre? Begründe dein Verhalten.*

Zunächst soll die Menschlichkeit Hoprechts, wie sie sich am deutlichsten in der 9. Szene zeigt, im Mittelpunkt stehen. Ausgehend von der Aufgabe b) oder einem Impuls, der an die Tafel geschrieben wird (Hoprecht: „ne Seele von Mensch" [70/24]), suchen die Schüler im Text Belegstellen für Hoprechts Menschlichkeit.

Diese werden auf die linke Tafelseite geschrieben. Nach dem Sichern dieser Zwischenergebnisse sollen die Schüler für die Frage sensibilisiert werden, was in Voigt wohl bei Hoprechts Aussage: „Und was dir zusteht, das kriegste, dafür sind wir in Preußen. [...] Das geht alles seinen Gang" (71/25ff.) vorgeht.

Hoprecht

Vertreter der Menschlichkeit und Nächstenliebe

- ist gastfreundlich (68/12)
- will Voigt wirklich kennen lernen (68/2)
- muntert Voigt auf (68/29)
- nimmt Voigt zum Wohnen auf (69/10)
- schenkt Voigt Vertrauen (69/21)
- stempelt Voigt nicht ab (69/28)

sympathischer Mensch

Eventuell kann zur Vertiefung an dieser Stelle ein Schreibauftrag eingefügt werden:

❒ *Was geht in Voigt nach der freundlichen Aufnahme bei Hoprecht vor? Schreibe Voigts Gedanken auf und beziehe dich dabei besonders auf die Aussagen von Hoprecht, S. 71/25ff.*

In der Auswertung sind die Zweifel Voigts zu unterstreichen, um die Schüler nun klar zum anderen Aspekt zu lenken. Somit ist die Brücke hergestellt zu Hoprechts blindem Staatsvertrauen, wie er es in der 14. Szene artikuliert und das Voigts Erfahrungen scharf widerspricht.

Zur Erarbeitung der 14. Szene wird als Einstieg folgende Aussage Hoprechts an die Tafel geschrieben. Dabei bleibt unerwähnt, wer und in welcher Situation dies sagt.

„Natürlich kann ich da nichts für. Aber darauf kommt's ja nu gar nicht an. Ich meine nur, dass so was immer nach Bestimmungen geht, nachm Papier, und nicht nachm Verdienst, nachm Menschen!"

❒ *Von wem stammen diese Sätze? Worauf beziehen sie sich? Worauf kann man sie noch beziehen?*

Sicher werden sich einige Schüler erinnern, dass Hoprecht hierin seine Enttäuschung, aber auch seinen Zweifel an der Richtigkeit des Beförderungssystems ausdrückt. Ebenso passen diese Sätze jedoch auch auf Voigts Situation, da ebenfalls nie auf den Menschen Voigt, seine individuelle Vorgeschichte und seine Probleme geachtet wird. Voigt ist immer nur ein Fall, für den in der Bürokratie keine Lösung vorgesehen ist.

Wie entwickelt sich das Gespräch nach dieser anfänglichen Übereinstimmung von Voigts und Hoprechts Position?
In Partnerarbeit werden beginnend mit S. 96/26ff. zunächst die verschiedenen Positionen Hoprechts und Voigts herausgesucht und unterstrichen. Hierbei sollen die Schüler besonders auf das Verhältnis zum Staat achten. Jeweils ein Schüler konzentriert sich dabei auf Aussagen Voigts, der andere auf Hoprecht.

Aus den unterstrichenen Passagen, die knapp und wesentlich sein sollen, wählen die Lernenden jeweils fünf aus, die sie im Anschluss vorlesen und mit eigenen Worten zusammenfassen.

Konzentrieren wir uns nun auf Hoprecht. Besonders wichtige Aussagen über sein Verhältnis zum Staat sind:

„Wer'n Mensch sein will, der muss sich unterordnen, verstanden?!" (99/22f.)	Unterordnung als Voraussetzung des Menschseins
„Tuchfühlung musste halten! Dann bist'n Mensch..." (99/29f.)	Nur als Rädchen im Getriebe ist Menschsein möglich.
„Bei uns gibt es kein Unrecht!" (100/12)	Ignoranz wider besseres Wissen
[Wenn ich im Krieg falle, dann sterbe ich – d. Verf.] „Fürs Vaterland, und für die Heimat!!" (100/29f.)	Gehorsam bis zur Selbstaufgabe, gedankenloses Phrasennachreden
„Ich will's nich mehr hören, Willem! Ich darf's nich mehr hören – ich bin Soldat! Und ich bin Beamter!" (101/1f.)	Ignoranz als Vertreter des Militärs und des Staates
„Und wenns dich zerrädert – denn musste det Maul halten, denn jehörste noch zu, denn biste'n Opfer!" (101/18ff.)	Völlige Unterordnung selbst beim Untergang

Neben dem zentralen Aspekt des Verhältnisses zum Staat wird in den Aussagen Hoprechts deutlich, dass dieser sein Vertrauen in den Staat nicht mit Argumenten stützen kann. Er versucht vielmehr mit einer Mischung aus Phrasen, quasi militärischer Gehorsamsideologie und Warnungen, Voigt davon abzubringen, die Verhältnisse gedanklich zu durchdringen und nach anderen Auswegen zu suchen. Am Ende des Dialogs löst er bereits seine Beziehung zu Voigt: „Sprich dich doch aus, Willem – also ich hab dich gewarnt!“ (102/21f.) Wichtiger als Voigt beizustehen ist ihm seine reine Weste. Damit unterliegt seine in der 9. Szene bewiesene Menschlichkeit seiner abstrakten Idee staatlicher Gerechtigkeit. Seine persönliche Moral wird von der Ideologie der Staatsräson besiegt. Die Ergebnisse können in dem angefangenen zweiteiligen Tafelbild festgehalten werden:

Hoprecht

Vertreter der Menschlichkeit und Nächstenliebe ←→ naiver Beamter mit blindem Vertrauen in den Staat

- ist gastfreundlich (68/12)
- will Voigt wirklich kennen lernen (68/2)
- muntert Voigt auf (68/29)
- nimmt Voigt zum Wohnen auf (69/10)
- schenkt Voigt Vertrauen (69/21)
- stempelt Voigt nicht ab (69/28)

- redet Phrasen gedankenlos nach (100/29f.)
- fordert bedingungslose Unterordnung (99/22f., 101/18ff.)
- überdenkt seine Einstellung nicht (100/12)
- ignoriert Voigts Erfahrungen (101/1f.)
- verschließt sich zunehmend Voigts Argumenten, gibt Voigt auf (102/21f.)

sympathischer Mensch ←→ ignoranter Vertreter der Herrschaftsideologie

→ Zuckmayers Kritik richtet sich nicht gegen den Menschen Hoprecht, sondern gegen die ignorante und obrigkeitsgläubige Haltung, die dieser vertritt.

Nachdem dieses Verfahren herausgestellt hat, dass Hoprecht trotz der eigenen Erfahrungen und vor allem trotz der Erfahrungen, die Voigt gemacht hat, in jedem Punkt den Staat verteidigt und unbeirrt an seinem Glauben an die Gerechtigkeit festhält, soll der Konflikt zwischen den beiden Figuren von den Schülern und Schülerinnen produktiv vertieft werden. Die Schüler sollen dabei auf der Basis einiger Zitate den Konflikt teilweise selbst sprachlich gestalten. Dabei wird jeweils einem Zitat der einen Figur durch eine selbst erfundene Antwort begegnet. Diese Antwort soll zu der vertretenen Position der Figur passen, aber keine Umformulierung bereits vorhandener Sätze sein. Weiterhin soll die Antwort möglichst die Aussagen der Figur widerlegen. Nach dieser Antwort soll die zweite Figur dann entweder frei oder mit Hilfe eines Zitats den Ball wieder zur ersten Figur zurückspielen und dabei diese neu herausfordern. Sprachliche Brüche sind dabei möglichst zu vermeiden.

Die Erstellung dieser Dialoge (insgesamt nicht über 2 Minuten Dauer) nimmt einige Zeit in Anspruch und sollte – wenn möglich – in die Hausaufgabe verlagert werden. Neben dem Schreiben ist es auch nötig, das angemessene Vortragen des Dialogs zu üben.

Beispieltext zur Verdeutlichung des oben erläuterten Verfahrens (Zitate sind kursiv gedruckt):

Voigt: *Aber richtig, richtig soll's zugehn.*
Hoprecht: Dafür, dass es bei uns richtig zugeht, sorgen schon Gesetze und die Behörden. *Bei uns kommt immer noch jeder zu Seinem.*
Voigt: Na denn hat der liebe Jott wohl nich so ville mit mir vorjehabt. Und deine Beförderung is einfach noch nich dran. Ich sach dir was, Friedrich: *Des is janz'n sauberes glattes Unrecht is det. Det muss man nur wissen.*
Hoprecht: Ich kenne ja wohl die Behörden besser als du. Sicher liegt eine unglückliche Verkettung von Zufällen vor, dass du noch keinen Pass bekommen hast. Bei uns im Staat herrscht Ordnung; und *da musste dich wieder reinfügen!*
Voigt: ...

❒ *Versucht zu zweit den Dialog zwischen Voigt und Hoprecht teilweise neu zu erfinden und aufzuschreiben. Dabei sollt ihr einzelne, besonders wichtige Aussagen aus dem Dialog bei Zuckmayer übernehmen und durch eigene Sätze ergänzen. Die entstehenden Texte sind dann also zum Teil von Zuckmayer, zum Teil von euch. Versucht außer den passenden inhaltlichen Ergänzungen auch den Sprachstil der Figuren zu treffen.*

Als Alternative kann bei leistungsstarken Klassen auch eine szenische Improvisation des Dialogs zwischen Voigt und Hoprecht versucht werden, wobei die wichtigsten Konfliktpunkte zur Sprache kommen sollten. In einer kurzen Vorbereitungszeit sollten sich die Schüler nach der Festlegung, welche Figur sie darstellen, in ihre Figur hineinversetzen und sich einige markante Sätze „zurechtlegen" können.

❒ *Ihr sollt ein Streitgespräch zwischen Hoprecht und Voigt improvisieren, in dem es um Voigts Probleme und Hoprechts Auffassungen von Gerechtigkeit geht. Hierbei könnt ihr eventuell einige Zitate verwenden. Wichtiger ist es aber, dass ihr inhaltlich möglichst genau die Standpunkte eurer Figur darstellt.*

Der Charakter Hoprechts ist aufgrund seines Konflikts (persönliche Menschlichkeit versus abstrakte Staatsräson) für das Verständnis der Komödie entscheidend. Daher soll auf die genaue Beleuchtung des Denkens und Handelns der Figur etwas mehr Sorgfalt verwendet werden, wobei das Verfahren der Charakterisierung einer literarischen Figur angewendet wird:

Analog zur Einführung der Inhaltsangabe kann das Verfahren gemeinsam mit den Schülern entwickelt werden. Leitfragen hierbei können folgende sein:

❒ *Welchem Zweck dient die Charakterisierung? Was muss sie enthalten? Wie sollte sie aufgebaut sein?*

Charakterisierung einer literarischen Figur

Bei einer literarischen Charakteristik soll der Leser oder die Leserin mit einer literarischen Figur (aus einem Jugendbuch, einer Erzählung, einem Theaterstück) vertraut gemacht werden: ihrem Aussehen, ihrem Charakter, den Beweggründen für ihr Handeln, den Verhaltensweisen gegenüber den anderen. Um die Entwicklung zu verdeutlichen, kann man chronologisch vorgehen.

Mögliche Gliederung:

Einleitung: Bedeutung der Figur innerhalb des Werkes

Hauptteil:

- Kennzeichen der Person (Name, Geschlecht, Alter, Äußeres, Sprechweise, Gestik, Beruf, Familie, soziale Stellung, charakterliche Grundzüge, Geisteshaltung)
- Verhalten im Einzelnen (Charakter und Eigenschaften, typische Einzelhandlungen, Verhalten gegenüber anderen Menschen, Verhalten in Konflikten, Selbsteinschätzung, Einschätzung durch andere Menschen)
- Wertung (Wertung, die durch den Autor vorgenommen wird, eigene Wertung)

Schlussteil: Gesamtbeurteilung der Person als Zusammenfassung der Einzelergebnisse

Worauf geachtet werden muss:

Tempus: Präsens

Zitate: können für besonders wichtige Aussagen verwendet werden, es muss aber erläutert werden, was sie zeigen sollen

Stil: sachlich, möglichst präzise und ohne Abschweifungen, ohne umgangssprachliche Formulierungen, um Verdichtung bemüht, das Wesentliche herausarbeitend, Bewertungen begründend

Das Verfahren der Charakterisierung kann vorrangig zu Hause geübt werden. Zur Übung eignen sich alle Figuren der Komödie, die in einer hinlänglichen Genauigkeit dargestellt sind. Voigt sollte nicht pauschal charakterisiert werden, Teilaspekte dieser Figur könnten jedoch in markanten Szenen untersucht werden, ohne damit ein Gesamtbild der Figur geben zu wollen. Besonders geeignet und ertragreich ist das Verfahren der Charakterisierung bei folgenden Figuren anzuwenden:

- ❐ *Charakterisiere Kalle in der 3. Szene (S. 19ff.).*
- ❐ *Charakterisiere den Zuchthausdirektor (8. Szene, S. 58ff.).*
- ❐ *Charakterisiere Frau Hoprecht (9. Szene, S. 64ff.).*
- ❐ *Charakterisiere den Bürgermeister Obermüller in der 10. Szene (S. 71ff.).*
- ❐ *Charakterisiere Voigt anhand der 6. Szene (s. 39ff.)/anhand der 11. Szene (S. 77ff.)/anhand der 18. Szene (S. 113ff.).*
- ❐ *Charakterisiere Hoprecht anhand der 9. (S. 64ff.) und 14. Szene (S. 93ff.).*
- ❐ *Charakterisiere Obermüller anhand der 19. Szene (S. 118ff.).*
- ❐ *Charakterisiere Kilian anhand der 18. und 19. Szene (S. 113ff.).*

Bei der Auswahl sollte darauf geachtet werden, ob eine der genannten Figuren in einer späteren Klassenarbeit charakterisiert werden soll. Zur Erfolgskontrolle für die Übungen sei ein Verfahren vorgeschlagen, das den Schülerinnen und Schülern eine große Eigenaktivität ermöglicht:

- Zunächst wird eine Lösung vorgelesen. Alle haben die Aufgabe, anhand der Anforderungen an eine Charakterisierung (s.o.) besonders gelungene, aber auch verbesserungsbedürftige Teilleistungen zu benennen. Hierbei ist auch auf den Grad der Verdichtung zu achten. Eventuell können Teillösungen verschiedener Hausaufgaben miteinander verglichen werden und besonders günstige Formulierungen zur Übernahme vorgeschlagen werden (z.B. Einleitungssatz, Einbettungen in den Zusammenhang etc.).
- Wenn als gesichert gelten kann, dass die Kriterien an eine gelungene Charakterisierung klar sind, sollen die Lernenden in Partnerarbeit die Arbeit ihres

Nachbarn/ihrer Nachbarin korrigieren, wobei sie mit Bleistift Anmerkungen in den Text schreiben. Sind sich zwei Schüler nicht sicher, ob ein bestimmter Teilaspekt als gelungen bewertet werden kann, holen sie sich den Rat einer anderen Arbeitsgruppe und diskutieren den Streitfall.

- Wer einen besonders gelungenen Text gefunden zu haben meint, liest ihn vor und benennt, was ihm an diesem Text so gut gefällt. Lässt sich diese Einschätzung von der Klasse und vom Lehrer teilen, kann eine entsprechende Benotung vorgenommen werden.

3.2 ❐ Voigts Menschlichkeit am Beispiel der 12. Szene

Die rührende Mädchenszene nimmt eine Sonderstellung innerhalb der Komödie ein, da sie sehr ruhig und eindringlich ist und das Mitfühlen der Zuschauer herausfordert. Einige Kritiker nahmen Anstoß an der sentimentalen Figur des dahinsiechenden Mädchens, störten sich an der Traurigkeit, die von der Szene ausgeht. Dennoch sollte nicht auf eine eingehende Behandlung dieser Szene verzichtet werden, da sie den Schülern die Dimension des Leidens über das Mitgefühl erschließt, zentral für das Märchenhafte der Komödie steht und Voigts menschliche Wärme zeigt.
Die Behandlung der Szene kann von einer Analyse der Regieanweisungen ausgehen.

Sie treffen Aussagen über:

Regieanweisungen der 12. Szene

- die Personen → gleichwertige Partner, menschliche Wärme
- das Inventar → Armut, Krankheit, Sehnsucht nach Schönem
- Außenwelt (Fenster) → Wunsch, zu entkommen, Fantasie

Noch bevor das erste Wort gesprochen wird, wird den Zuschauern klar, dass Voigt und das Mädchen gut miteinander vertraut sind und die Beziehungen zwischen ihnen sich völlig von allen anderen in diesem Stück unterscheiden. Neben der Beziehungsebene lässt sich aus den Regieanweisungen jedoch auch schon ablesen, dass die Szene ebenfalls auf der Inhaltsebene in starkem Kontrast zu den anderen des Stückes steht. Zunächst sollen die Beziehungen beider untersucht werden, danach stellen wir die Inhaltsebene mit den Schwerpunkten Natur- und Gesellschaftsbild und „Märchenverarbeitung" in den Mittelpunkt.
Nach einem Lesen mit verteilten Rollen und einer Textarbeit kann die Beziehung der beiden Figuren in einem Tafelbild festgehalten werden.

- ❒ *Lest den Dialog S. 81/10 bis 82/32 mit verteilten Rollen (Voigt, Mädchen, Hofsänger, Regie). Was erfahren wir über die Beziehungen zwischen Voigt und dem Mädchen?*

  Unterstreicht Textstellen, welche diese Beziehung zwischen Voigt und dem Mädchen verdeutlichen.

12. Szene: Voigt und das Mädchen

Ärmliches Arbeitermilieu
ähnliche Situation (trostlos, ausweglos)

Voigt
„Onkel Wilhelm“

Lisken
„du kleene Krotte“

→ persönliche **Beziehung** geprägt von Menschlichkeit, Wärme, Gleichwertigkeit, Humor ←

Voigts Naturbilder als Gesellschaftsbilder:

Schon in den Regieanweisungen ist der Gedanke der Realität zu entkommen angelegt. Voigt führt uns im Verlauf der Szene seine Fantasien vor Augen und entwirft dabei ein Naturbild, das einerseits in seiner Anschaulichkeit das Mädchen unterhalten soll, andererseits seine Sicht der Gesellschaft darstellt. Zunächst sollte die Stelle von den Schülerinnen und Schülern gefunden werden, an der von Voigts Träumen, von seinem Paradies die Rede ist.

- ❒ *Voigt spricht davon, dass er sich etwas ausgedacht habe. Was ist damit gemeint?*

Dann wird die Passage (S. 83/1-84/2) mit verteilten Rollen vorgelesen und es werden nacheinander folgende Fragen geklärt:

- ❒ *Warum erzählt Voigt dem Mädchen diese Naturfantasie?*
- ❒ *Was sagt diese Erzählung über die Beziehung aus?*
- ❒ *Welche Naturelemente verwendet er? (Sonne, Wolken, Wärme, Regen/Wasser)*
- ❒ *Versucht diese Naturbilder aufzulösen und auf eine gesellschaftliche Aussage zu übertragen.*
- ❒ *Wo ist der Platz von Voigt innerhalb des Bildes zu suchen?*
- ❒ *Welche Parallelen gibt es zwischen dem Kreislauf des Wassers und Voigts Situation?*

Die Ergebnisse lassen sich folgendermaßen zusammenfassen:

Voigts Naturbild als Bild der Gesellschaft

Sonne, Berge	→	Utopie, Hoffnung auf eine humane Gesellschaft, auf Gerechtigkeit, Wohlstand, Schönheit
Wasser, Erdkruste	→	Voigts und Liskens Realität: Überlebenskampf unter schwierigen Bedingungen

Nachdem diese Fragen inhaltlich geklärt wurden, kann an die Schüler der Auftrag gegeben werden, die von Voigt sprachlich dargestellte Fantasie im Bild darzustellen. Hierbei soll ein enger Bezug zur Textgrundlage vorliegen, es dürfen aber auch Elemente hinzugenommen werden, die von Voigt an dieser Stelle nicht erwähnt werden (etwa Symbole des Militärischen, ein Ausweis etc.). Somit soll ein Bild gestaltet werden, das von Voigts Wünschen und Hoffnungen, aber auch seinen Problemen Auskunft gibt.

Wenn es beim Skizzenhaften bleiben soll, können einige besonders gelungene Skizzen von den entsprechenden Schülern in kurzer Zeit auf OHP-Folie übertragen und allen Schülern sichtbar gemacht werden. Eine kleine Erläuterung der Intentionen rundet diesen zeichnerischen Exkurs ab. (Als Alternative können auch Collagen erstellt werden.)

❐ *Entwerft und gestaltet eine Zeichnung, die das Natur- und Gesellschaftsbild von Voigt darstellt. Dabei sollt ihr euch am Text orientieren. Ihr dürft die Zeichnung jedoch auch um einige Elemente ergänzen, von denen in der Textpassage nicht die Rede ist, die aber für Voigts Situation sehr wichtig sind (z.B. Pass, Symbole des Militärischen).*

3.3 ❐ „Etwas Besseres als den Tod werden wir überall finden" – Die Verzahnung von Märchenzitaten mit der Handlung in der 12. Szene

Besonders kunstvoll gestaltet Zuckmayer das Ende der Szene (84/25 bis Ende), indem er Voigts Ausweisung mit der Geschichte der Bremer Stadtmusikanten verknüpft. Wenn nicht vorgesehen ist, den Aspekt „Märchen" gesondert zu vertiefen, kann an dieser Stelle auf Material aus dem Baustein 5 oder auf Z10 zurückgegriffen werden.

Zuckmayer führt das Märchen spannungsreich ein, indem er es zunächst ankündigt, dann aber das Klingeln des Postboten dazwischenschiebt. Die Spannung wächst weiter, da Voigt das amtliche Schreiben nicht sofort öffnet, sondern, um Lisken keiner Aufregung auszusetzen, nun das gewünschte Märchen weiterliest, wenngleich die Aufmerksamkeit der Zuschauer von dem Schreiben gefesselt wird. Nachdem also zweimal verzögert wurde, liest Voigt den beziehungsreichen Märchenabschnitt vor, in den die Ausweisung eingebettet ist.

Um die Funktion dieser einmontierten Märchenzitate zu verstehen, sollte zunächst kurz ein Schüler aus der Erinnerung das Märchen nacherzählen. Eine wichtige Gemeinsamkeit zwischen Voigt und den Bremer Stadtmusikanten besteht im Ausgestoßensein aus der Normalität des Lebens. Aus diesem Märchen schöpft Voigt Kraft: Jetzt, da er ganz am Ende ist, kann es für ihn nur noch besser werden.

Die Beziehung zwischen dem Märchen und Voigts Situation herzustellen ist für die meisten Schüler kein Problem. Exemplarisch kann an dieser Stelle verdeutlicht werden, wie das Szenenende von Zuckmayer komponiert worden ist und warum er dies so tat.

Die ständig wechselnden Themen (Worum geht es in diesem letzten Abschnitt?) und die Verzögerungstechnik Zuckmayers können mit Hilfestellung erkannt werden und geben in komprimierter Form ein Beispiel für die bewusste künstlerische Gestaltung des Dialogs, die die Textaussage und ihre Wirkung potenziert. Die Untersuchung dieser Techniken kann im Unterrichtsgespräch mit Textanalyse erfolgen und zentral auf Folie festgehalten werden. Alternativ kann den Schülern der Auftrag gegeben werden, eine Übersicht darüber selbst zu erstellen (Arbeitsblatt 3).

Schema der Verzahnung von Voigts Ausweisung und den Märchenzitaten

Thema	Zeile	Geschehen/Inhalt
M	84/26-36	Voigt soll das Märchen vorlesen
A (Verzögerung des Märchenlesens)	85/1-24	Briefträger klingelt mehrfach (Angst Liskens, Spannung)
Unterbrechung	85/25	Stille → Spannung (Inhalt des Schreibens?)
A (verzögert)	85/26-31	Voigt zögert, da Lisken den Inhalt nicht erfahren soll.
M (Unterbrechung des Ausweisungsthemas)	85/32-86/4	Voigt liest das Märchen vor (Was steht in dem Brief? Was hat dieses Märchen an dieser Stelle zu suchen?)
A (Unterbrechung des Märchens)	86/4-86/16	Voigt unterbricht das Märchen, zitiert aus der Ausweisung → verstummt
M	86/17f.	Voigt schließt mit dem Märchenzitat

M = Märchen als Thema **A** = Ausweisung als Thema **U** = Unterbrechung

Funktion: Gemeinsamkeiten zwischen Voigt und den Märchenfiguren betonen, Spannung aufbauen, Wichtigkeit der Schlussausage unterstützen (Voigt gibt nicht auf)

Verzahnung von Voigts Ausweisung und den Märchenzitaten

(12. Szene, 84/26 bis Schluss)

Zuckmayer hat das Ende der Szene besonders kunstvoll gestaltet, indem er die reale Handlung mit der Märchenhandlung verzahnt (ineinandergeschoben) und den Fortgang der Handlung unterbrochen hat.

Erstellt eine tabellarische Übersicht über die Verzahnung von Handlung und Märchenzitaten und macht darin auch die Handlungsunterbrechung deutlich. (84/26 - Ende der Szene) Benutzt dabei folgende Abkürzungen: U für Unterbrechung, A für Ausweisung als Thema, M für Märchen als Thema. Versucht die Zusammenhänge durch Linien und Pfeile übersichtlich darzustellen.

Die Ergebnisse können so zusammengefasst werden:

Thema	Zeile	Geschehen/Inhalt

M = Märchen als Thema **A** = Ausweisung als Thema **U** = Unterbrechung

Funktion:

- ______________________________
  ____
- ______________________________
  ____
- ______________________________
  ____

Abschließend für die 12. Szene kann Voigt noch einmal mit dem Mädchen verglichen werden. Nachdem anfangs die enge persönliche Beziehung und Gemeinsamkeiten zwischen beiden herausgestellt wurden, können nach der Deutung der Märchenzitate die Unterschiede zwischen Voigt und dem Mädchen betont werden.

Unterschiede in der Haltung von Voigt und dem Mädchen

Voigt	**Das Mädchen**
• verzweifelt auch nach der Ausweisung nicht („Etwas Besseres als den Tod werden wir überall finden“, 86/17)	• ohne Hoffnung auf Besserung („Da komm ma nicht mehr hin“, 84/16)
• wird versuchen, sein Schicksal zu verändern	• wird wahrscheinlich sterben

Wenn stärker auf die Lebens- und Traumwelt des Mädchens eingegangen werden soll, kann ein Traum von ihr durch die Schülerinnen und Schüler aufgeschrieben werden.

❒ *Schreibt den Traum, den Lisken träumt, auf. Denkt daran, dass im Traum die Gesetze von Zeit und Raum aufgehoben sind, jedoch häufig ein Bezug zur Wirklichkeit vorhanden ist.*

3.4 ❒ Die Abenteuer der Uniform

Besitzer/Träger der Uniform sind im Verlauf des Stückes:

1. Hauptmann von Schlettow
2. Bürgermeister/Reserveleutnant Obermüller
3. Wormsers Tochter
4. Kleidertrödler Krakauer
5. Voigt

Der konsequente Abstieg der Uniform durch verschiedene gesellschaftliche Schichten läuft zielstrebig auf Voigt zu, der – genauso ausgemustert wie die Uniform – seinen Triumph mit ihrer Hilfe erlebt. Für die Struktur der Komödie sind die parallel angelegte Geschichte Voigts und der Uniform von entscheidender Bedeutung, daher sollte zumindest diese Zweisträngigkeit vermittelt werden. Dies kann geschehen über:

a) Arbeitsteilige Inhaltsangaben in Stichworten (günstig, weil das Verfahren an neuen Gegenständen geübt wird; jeweils eine Kleingruppe stellt eine der Szenen vor)
b) Erzählung der Uniformgeschichte aus der Perspektive der Uniform
c) Kurzform der Uniformgeschichte als Comic-Strip oder Fotogeschichte, die die entscheidenden Stationen der Uniform in aussagekräftigen Situationen festhält

Zu a): Bei der Inhaltsangabe sollten neben den bekannten Anforderungen folgende Fragen vertieft werden:

- *In welchem sozialen Milieu spielt die Szene?*
- *Wie ist das Ansehen der Uniform?*
- *Verhilft sie ihrem Träger/ihrer Trägerin zu Ansehen? Wenn ja: zu welcher Art von Ansehen?*

Zu b): Diese Aufgabe eignet sich vor allem als schriftliche Aufgabe, nachdem vorher im Unterricht geklärt wurde, in welchen Szenen die Uniform auftaucht und welches die wesentlichen Stationen ihres Abstieges sind.

- *Erzähle aus der Perspektive der Uniform, was „dir“ in den letzten zehn Jahren widerfahren ist. Beziehe dich dabei auf die wichtigsten Szenen der Komödie, in denen du eine Rolle spielst. Teile auch mit, ob du dich bei deinem jeweiligen Träger wohl gefühlt hast oder nicht, und begründe deine Meinung. Beende deine Erzählung damit, dass dich Voigt in einem Paket aus dem Trödlergeschäft hinausträgt.*

Zu c): In etwa fünf Bildern lässt sich anschaulich der Abstieg der Uniform darstellen, wobei eine noch größere Anzahl von Bildern natürlich den Vorteil größerer Anschaulichkeit bringt. Diese Aufgabe empfiehlt sich vor allem dann als Fotogeschichte, wenn ein entsprechendes Kostüm vorhanden ist, das in Abhängigkeit vom Träger/von der Trägerin Situation und Zustand verdeutlicht. Eine Fotogeschichte hat außerdem den Vorteil, dass sehr gut arbeitsteilig gearbeitet werden kann, indem von jeder Gruppe ein Bild vorbereitet wird, was im Wesentlichen auch ohne Uniform zu leisten ist. Nur die tatsächliche Aufnahme wird dann mit der Uniform gemacht, die einen Wiedererkennungseffekt garantiert. Entsprechende Titel, Unterschriften und Erläuterungen können diese Bild-/Fotostory zu einem anregenden Blickfang im Klassenraum oder Schulgebäude machen.

Nachdem die Gruppen sich gefunden haben bzw. eingeteilt worden sind, kann für die Fotostory folgender Arbeitsauftrag gegeben werden:

- *Ihr sollt zu einer Szene ein Foto machen, das ganz deutlich zeigt, wie es gerade um die Uniform bestellt ist: ihr Ansehen, ihr Träger, ihr Aussehen, das soziale Umfeld... Dazu sind die anderen Figuren natürlich genauso wichtig. Sie müssen vor allem durch Gestik, Mimik und Körperhaltung die geforderten Aspekte und sich selbst darstellen. Am besten findet ihr eure Standbildposition für das Foto, wenn ihr erst gemeinsam überlegt, dann Positionen ausprobiert und besprecht und von einem Beobachter überarbeiten lasst. Es gibt immer verschiedene Möglichkeiten, jedoch sind manche ausdrucksstärker als andere. Versucht diese zu finden und macht dann, nachdem ihr auch die Uniform entsprechend aufbereitet habt, das Foto.*

Notizen

Baustein 4 Der Höhepunkt der Handlung: Voigt handelt in der Hauptmannsuniform

4.1 ❐ Komik der Verwandlung

In der Verwandlungsszene (17. Szene, S.110ff.) gelingt es Voigt, eine überzeugende Generalprobe davon zu geben, wie er in Hauptmannsuniform wirkt. Auch hier erzeugt Zuckmayer durch Verzögerung Spannung, die durch den Anlass (ein Bahnbeamter muss offenbar sehr dringend auf die Toilette) komisch wirkt. Interessant sind vor allem folgende Aspekte:

- ❐ *Wodurch gelingt es Zuckmayer, die Szene komisch zu gestalten? (Ortswahl, Spiel mit menschlichen Schwächen, Voigt kommandiert die anderen)*
- ❐ *Wie lässt sich die zunehmende Not des Ersten (Bahnbeamten) sprecherisch überzeugend gestalten?*
- ❐ *Wodurch gelingt es Voigt, trotz dessen Not, sich durchzusetzen und diesen probeweise noch etwas länger auf die Folter zu spannen?*

Der zweite Aspekt bietet den Lernenden Gelegenheit, an einem einfachen Text, der inhaltlich fast beliebig ist, sich darauf zu konzentrieren, sprachlich und evtl. auch körperlich die zunehmende Spannung darzustellen. Nach einer Phase des Übens in Partnerarbeit werden die Texte vorgetragen und ausgewertet.

- ❐ *Lest den Dialog zwischen den beiden Bahnbeamten (111/8–112/26) mit verteilten Rollen. Achtet dabei vor allem darauf, wie ihr die sich steigernde Not des ersten Beamten zum Ausdruck bringen könnt.*

Im Anschluss an jeden Vortrag erhalten die Schüler und Schülerinnen etwas Zeit um sich Notizen zu folgender Fragestellung zu machen:

❐ 1. *Wie gelingt es Zuckmayer, die zunehmende Not des einen Beamten auszudrücken?*
2. *Welche Elemente des Sprechvortrags unterstützen diesen Ausdruck?*

Mögliches Tafelbild:

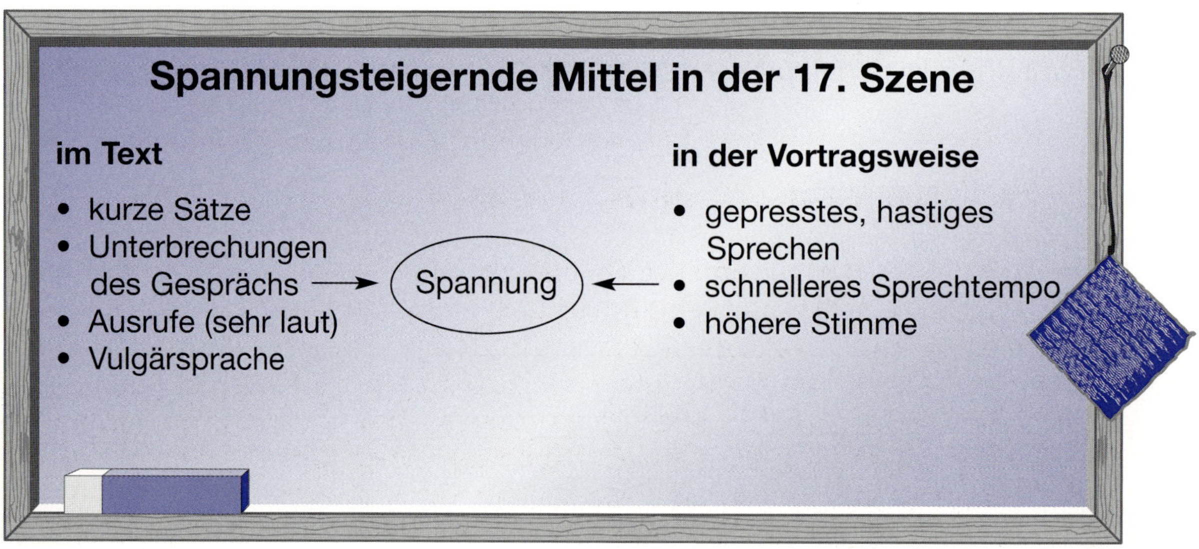

An den expressiven Ausruf in großer menschlicher Not schließt sich Voigts souveräner Auftritt an. Sicher werden sich einige erinnern, manche Sätze Voigts schon gehört zu haben; namentlich in der 2. Szene (Polizeibüro) und in der 4. Szene (Personalbüro). Voigt imitiert hier also das Auftreten der Personen, die bisher ihm gegenüber die Macht verkörpert haben, jedoch mit dem Unterschied, dass er jetzt die Seiten gewechselt hat. Interessant kann ein Vergleich der Sprechweise Voigts mit der in einer anderen Szene sein, in der er der Unterlegene ist. Dazu bietet sich ein Ausschnitt aus der 2. Szene (13/26-14/9) an, in der Voigt nur knapp auf Fragen antworten kann und in seiner Sprechweise darauf achten muss, dass er sich nicht seine Chancen verbaut. (Voigt ist dabei nie unterwürfig, was Ausdruck seiner Würde ist, andererseits Zuckmayer die Möglichkeit zu Sprachspielen gibt.)
Beim Vergleich dieser beiden kurzen Ausschnitte aus den Szenen 2 und 17 können die Schüler und Schülerinnen die Unterschiede selbst ausprobieren; diese können als Ausdruck der Machtverhältnisse auch in einem Tafelanschrieb festgehalten werden.

❒ *Vergleicht das Auftreten Voigts in der 2. und 17. Szene und haltet eure Ergebnisse stichwortartig in einer Tabelle fest.*

Mögliches Tafelbild:

Vergleich des Auftretens von Voigt in der 2. und in der 17. Szene

Voigt im Polizeibüro	**Voigt als Hauptmann vor der Toilette**
– antwortet nur	– stellt die Fragen
– spricht leiser	– lauter, beherrschender Befehlston
– muss sich erklären und bitten	– kann von fremden Menschen etwas verlangen
– Dialekt	– knappe Militärsprache
– teilweise etwas umständlich formulierend	– ganz direkt setzt er seinen Willen durch
– weichere, höhere Stimmgebung	– feste, tiefere Stimmgebung

4.2 ❒ Obermüllers Niederlage

Interessant ist an der 18. und 19. Szene vor allem, wie es Voigt gelingt, ohne schriftliche Legitimation einzig aufgrund der Ausstrahlung der Uniform und seines Auftretens alle Personen davon zu überzeugen, dass er nur einen Befehl ausführt und kein persönliches Interesse an der Aktion hat. Seine Strategie ist einfach: den Bürgermeister unter dem unklaren Vorwand finanzieller Unregelmäßigkeiten verhaften und die Kasse beschlagnahmen, um von seinem Hauptziel – einen Pass zu bekommen – abzulenken. Obermüller ist vor allem deshalb interessant, weil er eine unklare Position zum System einnimmt: Einerseits ist er im Glauben an seine Reformfähigkeit zu einem demokratischeren Staatswesen in einer liberalen Partei engagiert und dabei durchaus kritisch und nonkonformistisch, andererseits selbst Reserveoffizier und fest in die bestehenden Strukturen verstrickt. Im Verlauf der beiden Szenen wird klar, dass das Militärische so stark ist, dass der demokratische Zug in Obermüller keine Chance hat sich durchzusetzen.

❐ *Unterstreiche im Text der 18. und 19. Szene die Passagen, die zeigen, wodurch es Voigt gelingt, sich gegen den Bürgermeister durchzusetzen und die höchste Autorität im Köpenicker Rathaus zu werden. Mache dir gleichzeitig auch Notizen am Textrand dazu.*

Gründe für Voigts Sieg im Rathaus:

- befehligt eine militärische Abteilung
- rückhaltlose Unterstützung durch Kilian u.a.
- äußere Erscheinung als Offizier
- offiziersgemäßes Auftreten
- geschickter Umgang mit den beteiligten Personen

Als Beispiele bzw. Belege für die letzten beiden Punkte des Tafelanschriebs können genannt werden:

- korrekte Befehle
- klare Vorstellungen
- Berufung auf höheren Auftrag (übergeordnete Autorität)
- Voigt duldet keinen Widerspruch, lässt sich nicht auf Diskussionen ein.
- Voigt gibt sich unpersönlich.
- Aussagesätze stellen die gewünschte Situation klar.
- Verweis auf militärische Vergangenheit der Beteiligten zur Versicherung des Gehorsams („Haben sie gedient?")
- Appell an Offiziersehre
- Voigt ignoriert Fragen und Forderungen, die seine Stellung gefährden könnten.
- Voigt schafft Schuldbewusstsein beim Polizeiinspektor, wonach dieser versucht, nun besonders gefällig zu sein.
- Voigt zeigt keine Verunsicherung und lässt sich nicht aus der Ruhe bringen.
- Voigt gewährt kleine Privilegien, die wiederum die anderen zu Dank verpflichten (Baden, „Kulanz" beim Fehlbetrag, Frau Obermüller darf ohne Bewachung mitfahren).
- Voigt spricht Dank und Anerkennung aus: „Es hat alles ordentlich geklappt."

Eine Vertiefung geschieht mithilfe der folgenden Aufträge:

❐ *Stelle dir vor, du bist einer der Soldaten, die Voigt zu seinem Unternehmen verpflichtet hat, und du willst am Abend des Tages einen knappen Brief über die Vorgänge im Rathaus schreiben. Der Brief beginnt folgendermaßen:*

Berlin, den 16. Oktober 1906

Mein lieber Vater!
Obwohl die Stunde schon vorgerückt ist, will ich dennoch nicht zögern, Ihnen von einem ernsten militärischen Einsatz zu berichten, an dem ich heute teilzunehmen die Ehre hatte. Die nachträgliche Aufregung würde mich in dieser Nacht ohnehin des Schlafs berauben. Kurzum: ...

❒ *Stelle dir vor, du bist einer der Soldaten, die Voigt zu seinem Unternehmen verpflichtet hat, und du musst am Abend des Tages einen knappen Bericht über die Vorgänge im Rathaus schreiben. Der Bericht beginnt folgendermaßen:*

Berlin, den 16. Oktober 1906

Bericht über die Vorgänge im Zusammenhang mit der Requirierung der Schwimmbadwache am 16. Oktober 1906:
Um 10.35 Uhr verließ die von mir befehligte Schwimmbadwache ihren Einsatzort um sich vorschriftsgemäß in die Kaserne Oranienburger Tor zu begeben.
Auf halbem Wege befehligte uns gegen 10.50 ein Hauptmann des Garderegiments unter sein Kommando...

❒ *Stellt euch vor, ihr könntet als Journalisten mit Obermüller ein Gespräch führen, in dem ihr von ihm eine Erklärung seines Verhaltens erfragt. Schreibt diesen fiktiven Dialog auf.*

Journalist: *Herr Obermüller, wie konnte es dazu kommen, dass sie sich gefangen nehmen ließen?*
Obermüller: *Ich habe energischen Widerstand geleistet. Alle Anwesenden können das bezeugen. Jedoch, nach einem Befehl vor Waffen...*
J.: *Warum bestanden sie nicht auf einem schriftlichen Nachweis der Legitimation des Hauptmanns?*
O.: ...

4.3 ❒ Kilian als typischer Radfahrer. Charakterisierung der Figur

Kilian, der in Szene 18 und 19 auftritt, kommt – ohne dass er es weiß – eine wichtige Rolle für das Gelingen der Aktion zu. In rückhaltlosem Vertrauen zum Hauptmann (oder besser: in bedingungslosem Gehorsam zum Offizier) schwächt er die Position des Bürgermeisters, dem gegenüber er sich vorher völlig unterwürfig verhalten hat. Innerhalb weniger Sekunden hat er sein Fähnlein nach dem Wind gedreht und genießt es nun, im Schutz und Auftrag einer höheren Macht selbst Macht auszuüben, so wie er es vorher nur gegenüber den Antragstellern im Foyer des Rathauses zu tun in der Lage war. Die Figur des Kilian eignet sich besonders gut für eine Charakterisierung, da

- sich durch sein Verhalten Korrespondenzen zu ähnlichen Szenen mit Voigt als Antragsteller ergeben, die schon im Unterricht behandelt wurden,
- er sich rücksichtslos und brutal gegenüber Antragstellern verhält,
- seine Sprache, Redeweise und vorgeschriebenen Handlungen ihn deutlich charakterisieren,
- er von anderen Figuren beurteilt wird,
- seine Verhaltensänderung Obermüller gegenüber klare Rückschlüsse zulässt.

Bei der Charakterisierung ist neben den bekannten Aspekten besonders auf die Sprache und die Handlungen (siehe Regieanweisungen) zu achten.

❒ *Charakterisiere die Figur des Kilian in der 18. und 19. Szene.*

Wenn die Schüler (eventuell als Vorarbeit zu einer zusammenhängenden Charakterisierung dieser Figur) noch stärkere Unterstützung benötigen, können folgende Analyseschritte bearbeitet werden:

❒ *Unterstreiche in der 18. Szene (S. 113ff.) die Passagen, in denen Kilian durch sein Äußeres und seine Handlungen charakterisiert wird.*

Kilians Äußeres und Verhalten

- unförmig, dick, hockt, liest Zeitung
- spielt seine Macht gegenüber dem Bauern und der Wäscherin aus
- springt bei Erscheinen Obermüllers auf, nimmt Regenschirme ab, zieht Obermüller die Schuhe aus
- „reißt die Knochen zusammen“, als Voigt erscheint

❒ *Sucht in der 18. Szene Belege und Beispiele dafür, dass sich Kilian Höhergestellten gegenüber unterwürfig verhält, Antragsteller jedoch unterdrückt. Bezieht auch die Regieanweisungen mit ein. Ordnet eure Beobachtungen in die nachfolgende Tabelle und stellt eure Ergebnisse vor der Klasse mündlich vor.*

Beispiel für ein Tafelbild, das entstehen kann, wenn die Schüler in Partnerarbeit die Aufgabe mithilfe der vorgegebenen Tabelle bearbeiten:

Kilian als Vertreter einer Radfahrermentalität

	Kilian unterdrückt:	Kilian unterwirft sich:
beteiligte Personen und ihre soziale Stellung:	Wäscherin Kähndorf Landwirt Wendrowitz	Stadträte Comenius und Rau, Bürgermeister Obermüller, „Hauptmann“
Verhalten Kilians den Personen gegenüber:	kalt, unfreundlich, hilft den Antragstellern nicht weiter, herrscht über das Foyer, spielt seine Macht aus	unterwürfig (zieht Obermüller die Schuhe aus), übereifrig, buckelnd
Auffälligkeiten in Sprache und Gestik	Ausrufe, Befehle, Kommandoton ↓	häufig: „Jawohl!“ Befehlsempfänger, springt auf ↑
	nach unten treten	**nach oben buckeln**

Eventuell kann abschließend diskutiert oder durchgespielt werden, wie sich Kilian den anderen Figuren der Komödie gegenüber verhalten würde, wenn diese „sein“ Rathaus beträten. Wie würde er Wormser entgegentreten, wie dem Hauptmann von Schlettow, wie Kalle etc.?

4.4 ❒ Der Schluss der Komödie

Am Schluss der Komödie greift Zuckmayer stark verändernd in den tatsächlichen Verlauf der Köpenickiade ein: Sein Voigt stellt sich, indem er einen Handel anbietet: Gefängnis soll gegen einen Pass eingetauscht werden. Der reale Voigt hingegen wurde von Kallenberg verraten. Zum Vergleich der beiden Handlungsverläufe sind entsprechende Texte in den Zusatzmaterialien enthalten (vgl. Z 3, S. 67). Weiterhin kann in fortgeschrittenen Lerngruppen das Motiv des Spiegelns ebenfalls anhand der Materialien (vgl. Z 11, S. 87) genauer analysiert und interpretiert werden. Ein stärker handlungsorientierter Zugriff auf das Ende der Komödie kann die Einlieferung von Obermüller und Rosencrantz in der Neuen Wache in Berlin und die Aufdeckung des Betrugs darstellen.

❒ *Schreibt eine Szene, die die Einlieferung Obermüllers und Rosencrantz‘ in Berlin darstellt. Geht dabei besonders auf das Verhalten Kilians und auf Erklärungen Obermüllers zum Hergang der Tat ein.*

Notizen

Bau- 5 stein

Ausgewählte Grundbegriffe und Strukturen der Komödie und des Märchens

5.1 ❒ Der „Hauptmann von Köpenick“ als Komödie

Im Unterschied zur derzeit gängigen alltagssprachlichen Verwendung des Adjektivs „komisch“, die vage etwas Nicht-zusammen-Passendes meint, ist der Begriff des „Komischen“ in der Theorie der Komödie relativ klar, wenngleich nicht einfach zu fassen.

Um Elemente des Komischen und Merkmale der Komödie didaktisch reduziert zu vermitteln, bedienen wir uns eines Modells, das zunächst zwischen vier Arten der Komik unterscheidet und dann – deduktiv von einer Komödienbestimmung ausgehend – allgemeine Merkmale nachweist.

Vorbereitend können die Schüler Textstellen suchen und benennen, die komisch wirken. Nach einer Sammlung auf Folie kann versucht werden, die gefundenen Stellen den verschiedenen Arten von Komik, wie sie auf dem folgenden Arbeitsblatt beschrieben sind, zuzuordnen. Die Zuordnung geschieht am besten mit Hilfestellung des Lehrers.

Formen der Komik[1]

Ordne den vier Arten von Komik je ein weiteres Beispiel zu und begründe deine Zuordnung mündlich.

Handlungskomik: Der Begriff bezieht sich vornehmlich auf die Heiterkeit, die durch ausdrückliche Aktivität hervorgerufen wird. Im vorliegenden Falle ist sie besonders mit der Kernstelle, der Rathausbesetzung, identisch. Eine Sonderform der Handlungskomik ist die Verkleidung oder der Rollentausch.

Bsp.: ____________________

____

____

Situationskomik: entspringt einer extrem zugespitzten Lage, in die eine Person gerät, und erzeugt beim Zuschauer nicht selten eine Art Schadenfreude über eine Not, die man selbst nicht ernst nimmt. Obermüllers Uniformprobleme im Familienkreise können als Beispiel gelten.

Bsp.: ____________________

____

____

Charakterkomik: entfaltet sich schwerpunktmäßig, wenn bei einer einzelnen Person deren Eigenheiten oder Marotten belustigend wirken. Zu denken wäre an den Zuchthausdirektor, der seine Sträflinge historische Schlachten nachspielen lässt.

Bsp.: ____________________

____

____

Sprachkomik: orientiert sich an sprachlichen Besonderheiten wie z.B. ironischen Formulierungen, Anspielungen, Zweideutigkeiten, Imitationen, Versprechern und dergleichen. In unserem Falle geht die Wirkung vor allem von mundartlich geprägten Wendungen aus. Besonders zu betonen ist hier der Berliner „Mutterwitz“, der vor allem bei Voigt zum Ausdruck kommt: „Oberwachtmeister: [...] Sie sind ja'n ganz schwerer Junge. Voigt: Ich weeß nich, Herr Kommissär, ich werde in letzter Zeit immer leichter. Besonders seit ick aus de Plötze raus bin, da ha‘ck fast nur noch Luft in de Knochen.“ (14/18)

Bsp.: ____________________

____

____

---

[1] zit. nach: Scholdt, G.; Walter, D.: Stundenblätter Carl Zuckmayer, „Der Hauptmann von Köpenick“. Stuttgart: Klett Verlag, 7. Aufl., 1995, S. 43

Neben den verschiedenen Arten von Komik kann ergänzend oder alternativ mit einer Begriffsbestimmung der Komödie gearbeitet werden, die den Schülerinnen und Schülern auf Folie präsentiert wird. Sie erhalten dazu den Auftrag:

❒ *Lies die Definition zum Begriff Komödie genau durch und suche Belege dafür, dass „Der Hauptmann von Köpenick“ diesen Gattungsmerkmalen entspricht.*

Komödie[1] [<griech. komos: heiterer Umzug (von Bezechten); ode: Gesang]: in der Theatergeschichte und Dramatik die Bezeichnung für sehr unterschiedliche Dramenformen, denen aber vorherrschend die komische Wirkung gemeinsam ist. Übergreifende, sich historisch allerdings stark wandelnde Merkmale der Komödie sind folgende:

a) Meist glücklicher oder versöhnlicher Handlungsausgang.
b) Handlung spielt im Bereich des Alltäglichen, wobei jedoch oft Mittel des Fantastischen, der Übertreibung enthalten sind.
c) Der Standpunkt der Komödie ist fast immer derjenige der sozial Niedriggestellten, daher ihre Respektlosigkeit gegenüber offiziellen Normen und Institutionen.
d) Die Personen der Komödie entstammen ebenfalls diesen Gesellschaftsschichten.

Nachdem somit wichtige Merkmale der Komödie und des Komischen bestimmt wurden, kann nun daran gearbeitet werden, eine einseitige Bestimmung als „zum Lachen reizend“ zu vermeiden.

❒ *Im „Hauptmann von Köpenick“ kommen nicht nur lustige, sondern auch ernste und nachdenklich machende Stellen und Szenen vor. Sucht einige solcher Stellen im Text heraus.*

Genannt werden wahrscheinlich unter anderen:

- Teile der Mädchenszene (12. Szene)
- Voigts Dialoge mit Hoprecht (12. und 14. Szene)
- Teile der Asylszene (6. Szene)
- Teile der Kneipenszene (20. Szene)

Es fällt auf, dass selten eine ganze Szene ausschließlich ernst ist, vielmehr treffen wir häufig auf eine Mischung komischer und ernster Elemente. Somit kann dem Eindruck vorgebeugt werden, es dürften nur komische Stellen in der Komödie vorkommen. Der Kontrast zwischen der komischen Darstellung und den ernsthaften Hintergründen ist wahrscheinlich das produktivste Element in der Komödie. Dieser Gegensatz löst sich in der positiven Gesamttendenz, in dem meist versöhnlichen Ende auf.

Im Falle unserer Komödie bedeutet dies, dass Voigt, der völlig am Ende ist, im Polizeipräsidium zunehmend mit staunendem Respekt begegnet wird und alle Versammelten in Lachen ausbrechen. Voigt fasst die ganze Situation und das Durchlebte unter Lachen und Tränen in dem Wort „Unmöglich!!“ zusammen. Gerade in diesen letzten Momenten der Komödie zeigt sich, wie eng Tragik und Humor von Zuckmayer miteinander verbunden worden sind.

Zur Vertiefung erhalten die Lernenden folgende Aufträge:

❒ *Versetze dich in die Lage Voigts, unmittelbar nachdem die letzte Szene vorüber ist, und schreibe einen Brief an „deine“ Schwester, in dem du ihr darstellst, warum dich dein Spiegelbild so aus der Fassung gebracht hat und welche Gedanken und Gefühle dich bewegten.*

[1] Nach Träger, 1986, a.a.O

❒ *Stellt euch vor, Voigt tritt in einen Dialog mit seinem Spiegelbild. Lest diesen Dialog mit verteilten Rollen. Darin sollte die Wirkung der Uniform zur Sprache kommen.*

Eventuell kann eine etwas eingehendere Untersuchung der Sprache als Mittel der Charakterisierung der Figuren von den Beobachtungen zur Sprachkomik ausgehen und diese erweitern. Zuckmayer nutzt sprachliche Varianten verschiedener Ebenen, um den Figuren Individualität, Witz und soziale Prägnanz zu verleihen. Bietet sich eine Bezugnahme zu einer Unterrichtseinheit zu Sprachvarietäten an, können folgende Sprachebenen im „Hauptmann von Köpenick" nachgewiesen und interpretiert werden:

- Dialekte, d.h. Sprachvarianten, die die regionale Gebundenheit des Sprechers verdeutlichen und oft Rückschlüsse auf den Bildungsstand zulassen
- Soziolekte, d.h. Sprachvarianten, die die Zugehörigkeit zu einer bestimmten sozialen Gruppe verdeutlichen
- Fachsprachen; hier vor allem Militär- und Verwaltungssprache
- individuelle sprachliche Eigenarten der Figuren

5.2 ❒ Kreuzworträtsel zu Begriffen und Inhalten der Komödie

Im Folgenden sind Begriffe und Kurzdefinitionen aufgeführt, die bei der Behandlung der Komödie, jedoch auch anderer dramatischer Texte so häufig verwendet werden, dass es wichtig erscheint, sie den Schülern zu vermitteln. Dies soll spielerisch geschehen und kann häufig auf Vorkenntnisse der Schüler zurückgreifen, da die Begriffe zum großen Teil bei der Behandlung schon verwendet wurden. Zur Lösung der Aufgabe in Gruppen ist es einerseits notwendig, dass sich die Gruppen gut miteinander abstimmen, andererseits Nachschlagewerke zu Rate ziehen. Der Schwierigkeitsgrad der Aufgabe kann dadurch erhöht werden, dass die einzusetzenden Begriffe den Schülern nicht vorgegeben werden, indem sie vor dem Kopieren abgeknickt werden.

Auflösung:

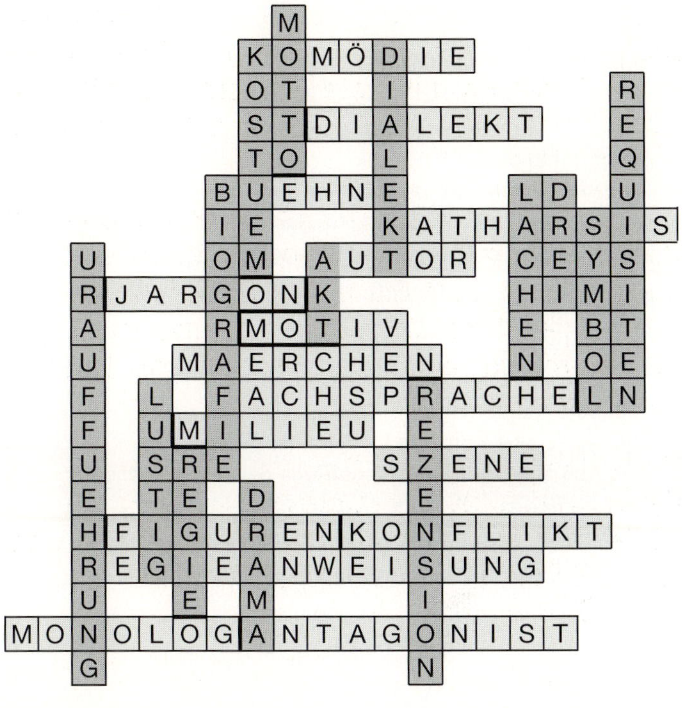

Kreuzworträtsel zur Komödie „Der Hauptmann von Köpenick“

Waagerecht:

1. Theaterstück, das komische Elemente beinhaltet (mit Umlaut geschrieben)
2. Bühnengespräch zwischen mindestens zwei Figuren
3. = „Bretter, die die Welt bedeuten“
4. in der Tragödie soll der Zuschauer durch Mitleid und Furcht „gereinigt“, verbessert werden
5. Verfasser
6. Ausdrucksweise einer sozialen Gruppe
7. wiederkehrende Grundform, Schema von Handlungen
8. Gattungsbezeichnung im Untertitel des „H.v.K.“
9. unverzichtbar für Voigts Erfolg: die Beherrschung der militärischen ...
10. Lebensraum, Lebensverhältnisse
11. Abschnitt eines Theaterstückes
12. allgemeine Bezeichnung für die auftretenden Personen
13. ohne ihn würde im Theater wenig passieren
14. Vorschriften des Autors zur Umsetzung der Dialoge
15. Rede eines Einzelnen
16. Gegenspieler

Senkrecht:

17. Verkleidung von Schauspielern
18. vorangestellter Leitspruch
19. woran man erkennen kann, aus welcher Region der Sprecher kommt
20. steht am Ende der Komödie
21. Wie viele Vorstrafen hat Voigt vor der Köpenickiade?
22. repräsentiert einen abstrakten Sachverhalt oder eine Idee, die weit über es selbst hinausgeht
23. können verwendet werden, um die Illusion von Realität auf der Bühne zu erzeugen
24. Lebenslauf
25. Großabschnitt eines Theaterstückes
26. die erste Aufführung
27. Wie muss eine Komödie nicht immer sein?
28. ihre Aufgabe ist es, festzulegen, wie der Text umgesetzt wird
29. allgemeine Bezeichnung für ein Theaterstück
30. Besprechung eines Stückes in der Zeitung oder Fachliteratur

Akt, Antagonist, Autor, Biografie, Buehne, Dialekt, Dialog, Drama, drei, Fachsprache, Figuren, Jargon, Katharsis, Komödie, Konflikt, Kostuem, Lachen, Lustig, Maerchen, Milieu, Monolog, Motiv, Motto, Regie, Regieanweisungen, Requisiten, Rezension, Symbol, Szene, Urauffuehrung

5.3 ❐ Elemente des Märchens in der Komödie

Dieser Bausteinteil zielt auf die Verdeutlichung märchenhafter Elemente in der Komödie und deren Funktion. Bei der Besprechung der Szene mit dem kranken Mädchen wurde bereits erkannt, dass die teilweise Parallelität der Komödienhandlung mit der Märchenhandlung die Szene mit zusätzlicher Bedeutung „auflädt". Die Gesamtbedeutung des Märchenhaften für diese Komödie kann verstanden werden als ein gleichnishaftes Abbild der ebenfalls irreal erscheinenden Verhältnisse, die Voigts Köpenickiade bedingen und ermöglichen. „Unmöglich" erscheint es, dass die Verhältnisse so sind, wie Voigt es demonstriert und beweist. So ist es letztlich die parallele Spannung zwischen Realität und fiktiver Bewältigung derselben, die von Zuckmayer geschickt konstruiert wird und sein Stück in der Schwebe zwischen den real zugrunde liegenden Ereignissen und den hinzuerfundenen Ideen, Motiven und Figuren belässt.

Bei der Klärung, inwiefern es sich bei dieser Komödie um ein Märchen handelt und wie Zuckmayers Untertitel zu verstehen ist, kann von dem Untertitel ausgegangen werden.

Zur Sicherung der inhaltlichen Basis kann evtl. auf vorangegange Unterrichtseinheiten zurückgegriffen werden, es kann ein Auftrag für die häusliche Lektüre gestellt oder es können Begriffselemente aus der unten stehenden Definition herausgesucht und überprüft werden.

❐ *Suche in einem allgemeinen oder literarischen Lexikon den Artikel „Märchen" auf und ziehe die wichtigsten Merkmale heraus, die es uns ermöglichen zu bestimmen, inwiefern in der Komödie „Der Hauptmann von Köpenick" märchenhafte Elemente verarbeitet sind.*

Märchen[1] [<ahd. mari, mhd. maere: Bericht, Kunde]: bereits bei Naturvölkern anzutreffende, ursprünglich mündliche Form der volkstümlichen epischen Dichtung. Das Volksmärchen schildert fantastische Begebenheiten, die anders als in der Sage erfunden sind und nicht an tatsächliche Vorfälle anknüpfen. Die Abenteuer und Prüfungen, die der Held des Märchens in der Auseinandersetzung mit guten und bösen, natürlichen und übernatürlichen Mächten bestehen muss, sind objektiv unwahr; als poetische Bewältigung existenzieller Nöte und als menschlicher Triumph über Gefahr, Elend und soziale Unterdrückung wurden sie jedoch Jahrhunderte hindurch als wahr aufgefasst. Märchen waren Versuche, die als unzulänglich erfahrene Welt in einer erzählten Utopie positiv zu bewältigen.

Im Laufe der Zeit festigten sich charakteristische Strukturelemente:

- eine an der Erzählweise des Volkes (Redensarten, Vergleiche, Sprichwörter) orientierte Sprache
- gleiche Handlungsmuster (z.B. Auszug, Vertreibung, Überwältigung des Bösen)
- Bedrohung des Helden und Sieg des Guten
- typisiertes Personal (Held meist von niederer sozialer Herkunft und missachtet oder unterdrückt)
- Helden meist mit Allerweltsnamen (*Hans, Gretel*) oder ohne Namen, oft auch mit charakterisierenden Namen (*Rumpelstilzchen*)
- die positiven Eigenschaften kommen den sozial niedrig gestellten Figuren zu
- ein Fundus wiederkehrender Motive wie sprechende Tiere und Gegenstände (*Frau Holle*), Metamorphosen und Verzauberungen von Personen (*Der Froschkönig*)

[1] Nach: Träger, Wörterbuch der Literaturwissenschaft und Schweikle, Metzler Literatur Lexikon, a.a.O.

- Handlung meist räumlich und zeitlich nicht festgelegt
- Strukturierung mit Symbolzahlen (drei Rätsel, drei Wünsche, sieben Jahre)
- Formelhafte Sprache (Eingangs- und Schlussformeln, Wiederholungen und Beschwörungsformeln)

Es kann auf folgende Tabelle zugearbeitet werden, wobei die konkreten Inhalte der Spalten je nach Informationslage variieren werden.

Allgemeine Merkmale von Märchen	**„Hauptmann von Köpenick“**
• volkstümliche Erzählweise	• Dialekt
• Bedrohung des Helden	• Voigts Ausgrenzung
• Sieg des Guten	• erfolgreiche Köpenickiade, jedoch wahrscheinlich neuerliche Bestrafung
• Handlung meist räumlich und zeitlich nicht festgelegt	• Handlung festgelegt, jedoch könnte sie überall passieren

Beim Vergleich dieser oder ähnlicher Begriffsbestimmungen zu „Märchen“ mit den Gegebenheiten in unserer Komödie lässt sich ablesen, dass einige Elemente gleich gestaltet wurden, andere umgeformt und wiederum andere gegensätzlich gestaltet sind. Somit kann zusammengefasst werden, dass Zuckmayer frei mit der Gattung umgeht, indem er sie als gestalterisches Element hinzuzieht und als Folie durchscheinen lässt, an vielen Stellen jedoch davon abweicht.

Zur Vertiefung des interessanten Aspekts der **Namensgebung** in der Komödie kann folgende Aufgabe in Partnerarbeit bearbeitet werden:

❒ *Ähnlich wie im Märchen verwendet Zuckmayer teilweise sehr charakteristische Namen für die Figuren. Wenn man genau darauf achtet, kann man bei vielen Figuren schon am Namen erkennen, welche Haltung der Autor zu der jeweiligen Figur hat.*

- *Sucht möglichst viele solcher Namen aus dem Text heraus und stellt dar, was ihr für charakterliche Eigenarten mit diesen Namen verbindet.*
- *Versucht selbst andere passende Namen für einige Figuren zu erfinden und stellt euren Mitschülern und -schülerinnen die Personen vor, z.B.:*

  Wilhelm Nullmann, arbeitsloser Schuster,
  Hauptmann Stramm, Gardehauptmann in Potsdam

Die Verfilmungen des „Hauptmann von Köpenick“

Die beiden am weitesten verbreiteten Verfilmungen – die mit Heinz Rühmann von 1956 und die mit Rudolf Platte von 1960 – werden im Folgenden überblicksartig vorgestellt. Dabei werden teilweise aus Gründen der Übersichtlichkeit mehrere inhaltlich zusammengehörige Szenen des Filmes zu einer zusammengefasst. Eine didaktisch gut aufgearbeitete Einführung in das Filmen und die Filmanalyse findet sich in: *Punktum. Das Sprachbuch 9/10. Schroedel Schulbuchverlag Hannover 1995.*

Szenenübersicht der Verfilmung von 1960 (Rainer Wolffhardt/Rudolf Platte) (Dauer: 1:53')

Filmszene	Beginn der Szene (nach Minuten)	Inhalt/Szene der Textausgabe
1.	Beginn	1. Szene (in Wormsers Geschäft)
2.	5'30	2. Szene (Polizeibüro)
3.	12'	4. Szene (Schuhfabrik)
4.	15'	3. Szene (Café National)
5.	25'30	5. Szene (Möbliertes Zimmer Schlettows)
6.	29'10	7. Szene (Obermüller und die Uniform)
7.	34'45	6. Szene (Herberge/Riesengebirgstraum)
8.	45'19	8. Szene (Zuchthaus)
9.	55'55	9. Szene (Fam. Hoprecht)
10.	1:03'	10. Szene (Obermüllers Schlafzimmer)
11.	1:09'	12. Szene (Mädchenszene)
12.	1:15'	14. Szene (Dialog Hoprecht und Voigt)
13.	1:25'	15. Szene (Krakauer)
14.	1:28'	17. Szene (Verwandlung auf der Bahnhofstoilette)
15.	1:30'	18. Szene (Vorhalle des Rathauses, ohne Nebenhandlungen)
16.	1.32'	19. Szene (Festnahme Obermüllers)
17.	1:44'	21. Szene (Selbstanzeige Voigts, Spiegelszene)

Diese Verfilmung behandelt die Textgrundlage mit einiger Freiheit, was die Vollständigkeit des Textes, Details, Nebenhandlungen, Szenenreihenfolgen u.Ä. betrifft. Bestimmte symbolhafte Details werden leitmotivisch verarbeitet; zusammen mit der hervorragenden schauspielerischen Leistung Plattes ergibt sich eine immer noch ansprechende Literaturverfilmung.

Szenenübersicht der Verfilmung von 1956 (Helmut Käutner/Heinz Rühmann) (Dauer: 1:35')

Filmszene	Beginn (nach Min)	Inhalt/Szene der Textausgabe
1.	Beginn	frei erfundene Anfangsszene (Voigt und Kalle mit Soldaten)
2.	3'	1. Szene (in Wormsers Geschäft) + neue Elemente (Voigts Arbeitssuche)
3.	6'	4. Szene (Schuhfabrik)
4.	6'50	2. Szene (Polizeibüro) geteilt in mehrere Szenen, in denen Voigt versucht, Papiere zu bekommen
5.	12'10	6. Szene (Herberge)
6.	16'	3. Szene (Café National)
7.	19'10	(Einbruch mit Kalle)
8.	23'40	5. Szene (Möbliertes Zimmer Schlettows)
9.	25'	7. Szene (Obermüller und die Uniform)
10.	28'	(Obermüllers Rede zur Jahrhundertwende im Köpenicker Rathaus)
11.	29'	(Gefängnisszene)
12.	31'	8. Szene (Zuchthaus)
13.	36'40	10. Szene (Obermüllers Schlafzimmer)
14.	38'	9. Szene (Fam. Hoprecht)
15.	46'20	12. Szene (Mädchenszene)
16.	50'20	13. Szene (Festsouper)
17.	53'	14. Szene (Dialog Hoprecht und Voigt)
18.	1:00	15. Szene (Krakauer)
19.	1:1'30	17. Szene (Verwandlung auf der Bahnhofstoilette)
20.	1:3'	Dienstverpflichtung der Soldaten
21.	1:5'	18. Szene (Vorhalle des Rathauses)
22.	1:8'30	19. Szene (Festnahme Obermüllers)
23.	1:20'	20. Szene (Kneipe in Berlin)
24.	1:21'	21. Szene (Selbstanzeige Voigts, Spiegelszene)
25.	1:27	Begnadigung, Voigt verschenkt Uniform als Vogelscheuche, Menschenauflauf, Voigt erhält Pass

Die Verfilmung zeichnet sich durch einen freieren Umgang mit der Textgrundlage aus, was sich in der Hinzunahme oder Auslassung bzw. Veränderung von Dialogpassagen, der Szenenreihenfolge und neu erfundenen Szenen äußert. Die filmischen Möglichkeiten werden auch insofern genutzt, als häufigere Szenen- und Ortswechsel stattfinden.

Zusatzmaterial 1

Exemplarische Analyse der filmischen Mittel am Beispiel der 2. Szene
Verfilmung mit: Heinz Rühmann Regie: Käutner Jahr: 1956

Figuren – wie dargestellt? (Haltungen, Handlungen)	Voigt, stehend	Oberwachtmeister sitzend, essend, Vögel fütternd Voigt ist Nebensache für ihn
Raum – Skizze, Milieu, Wichtige Details	Büro als „Wohnzimmer“, Heimat des Polizeibeamten Schranke	
Kostüme	einfacher Anzug	Uniform
Requisiten	Paket	Messer, Speck, Akte
Kameraeinstellungen (z.B. halbnah, nah, groß, Detail)	verschiedene (alle vier Arten)	
Kameraperspektive (z.B. Frosch-, Vogel-, normale Perspektive)	verschiedene (alle drei Arten)	
sonstige filmische Mittel	Zoom, Schwenks, die Lampe hängt in einer Einstellung wie eine Schlinge neben Voigts Kopf	
Anzahl der Schnitte	15 Schnitte	
Dauer der Szene	3’20	
Sonstiges	Dialekt, Akte auf dem Esstisch	
Umgang mit der Textgrundlage	relativ freier Umgang mit dem Text, Kürzungen, Schluss ohne Rauswurf	

Exemplarische Analyse der filmischen Mittel am Beispiel der 2. Szene
Verfilmung mit: Rudolf Platte Regie: Wolffhardt Jahr: 1960

Figuren – wie dargestellt? (Haltungen, Handlungen)	Voigt, fragend, bittend, gegen Ende sehr erregt, zieht sich auf Brüstung hoch	Oberwachtmeister, Schlickmann herrisch
Raum – Skizze, Milieu, wichtige Details	Büro, sehr hohe Schranke, sehr hohe Aktenregale	
Kostüme	einfacher Anzug	Uniform, später Pickelhaube
Requisitcn	Paket	Stempelkissen, Stift
Kameraeinstellungen z.B. halbnah, nah, groß, Detail	v.a. groß	
Kameraperspektive (z.B. Frosch-, Vogel-, normale Perspektive)	Frosch auf Oberwachtmeister (Voigts Perspektive) von oben (ansatzweise Vogelperspektive) auf Voigt	
sonstige filmische Mittel	sparsame filmische Mittel, schwarz-weiß-Verfilmung, oft Kameraschnitt bei Sprecherwechsel, viele Nahaufnahmen	
Anzahl der Schnitte	19 Schnitte	
Dauer der Szene	6’17	
Sonstiges	Dialekt	
Umgang mit der Textgrundlage	sehr nah am Original	

Exemplarische Analyse der filmischen Mittel am Beispiel der 2. Szene

Auftrag: Erarbeitet in der Gruppe eine Analyse der Szene nach dem vorgegebenen Schema. Seht euch dazu mit verteilten Aufgaben die Szene mehrfach genau an und stellt eure Ergebnisse der Klasse vor.

Verfilmung mit: **Regie:** **Jahr:**

Figuren – wie dargestellt? (Haltungen, Handlungen)	
Raum – (Skizze, Milieu, wichtige Details)	
Kostüme	
Requisiten	
Kameraeinstellungen (z.B. halbnah, nah, groß, Detail)	
Kameraperspektive (z.B. Frosch-, Vogel-, normale Perspektive)	
sonstige filmische Mittel	
Anzahl der Schnitte	
Dauer der Szene	
Sonstiges	
Umgang mit der Textgrundlage	

Historische Situation im wilhelminischen Deutschland

I. Bis in die zweite Hälfte des 19. Jahrhunderts war Deutschland geteilt in Dutzende von Einzelstaaten, die einander oft als Konkurrenten gegenüberstanden. So ist es nicht verwunderlich, dass sich breite Schichten der Bevölkerung nach einer Einigung sehnten. Der Wunsch wurde Wirklichkeit mit der Gründung des Zweiten Kaiserreichs am 18.1.1871. Wichtige Voraussetzung war der militärische Sieg über Frankreich, das die deutsche Kleinstaaterei aufrechterhalten wollte, aber vor allem aufgrund der Niederlagen bei Sedan und Metz kapitulieren musste. Dieser Sieg hatte ein verstärktes Nationalbewusstsein zur Folge, das weite Teile im Deutschen Reich ergriff und zu einer hohen Bewertung alles Soldatischen führte. Seither war man stolz auf die jüngste Vergangenheit, an die der Sedanstag oder andere nationale Gedenktage erinnerten. Darüber hinaus sah man sich in direkter Verbindungslinie zu den Helden der mittelalterlichen Sagenwelt oder des Germanentums, wie Schulbücher aus der Zeit beweisen. Eine besondere Rolle spielte auch die Tatsache, dass der König von Preußen deutscher Kaiser wurde, da so die preußische Auffassung von Disziplin und militärischem Geist in ganz Deutschland Einzug fand. Hier knüpfte man an die Tradition berühmter Preußenkönige (z.B. Friedrich der Große = „Der Alte Fritz") an.

II. So fortschrittlich sich das deutsche Reich auch in seiner Industrie und Wirtschaft zeigte, so rückständig blieb es in seinem gesellschaftlichen Aufbau. Adel, Militär und Besitzbürger beherrschten die öffentliche Meinung. Zur „feinen" Gesellschaft konnte der Nichtadlige nur dann Zugang finden, wenn er einen militärischen Rang oder ein beachtliches Vermögen besaß. Offizier sein war in besonderem Maße erstrebenswert, obwohl damit aufgrund einer starren Ehrauffassung zahlreiche persönliche Einschränkungen verbunden waren. Auch Nichtadlige konnten in dieser Stellung zu überdurchschnittlichem Ansehen gelangen. Ganz allgemein galt nach einer Redewendung der Zeit: „Der Soldat ist der erste Mann im Staat". Allerdings rief diese Situation auch manche Kritik vor allem bei Schriftstellern und Künstlern hervor. Eine Karikatur aus einer satirischen Zeitschrift von damals, dem „Simplicissimus", verspottet die offizielle Anschauung, wenn sie einen Offizier abbildet, der sich gegenüber frisch eingezogenen Rekruten wie folgt äußert: „Als Zivilisten seid ihr hergekommen, als Menschen geht ihr fort!"
Hoch angesehen war auch jeder, der von Berufs wegen die staatliche Autorität vertrat. Darum brachte man den Reichs- und Landesbeamten großen Respekt entgegen, vor allem wenn ihre Bedeutung durch eine Uniform betont wurde. Die Pflichterfüllung und Unbestechlichkeit der Beamten galt mit Recht als vorbildlich, konnte jedoch auch dazu führen, dass sie sich und ihr Amt zu wichtig nahmen und ihre Vorschriften kleinlich und stur auslegten.

III. Das Gesamtergebnis war ein streng hierarchisch gegliedertes Gesellschaftssystem, dessen unverrückbare Stützen die Obrigkeitsgläubigkeit und der Gehorsam der Bürger waren. Sinnbild dieser Staatsauffassung war Wilhelm II., nach dem die ganze Epoche ihren Namen hat (Wilhelminismus). Er regierte von 1888-1918 und war in seiner Vorliebe für prunkvolle Uniformen, Manöver, schneidige Tonart und markige Reden über die führende Rolle des preußisch-deutschen Wesens in der Welt ein Vorbild für jeden „guten Deutschen". Mit dem Reichstag (Parlament) stand er auf Kriegsfuß, da er in seiner obrigkeitsstaatlichen Gesinnung demokratische Bestrebungen ablehnte. Die Folge war, dass er besonders die in politischer Opposition stehenden Sozialisten bzw. Sozialdemokraten als „vaterlandslose Gesellen" oder „rote Rotten" öffentlich anprangerte. Diese Einstellung teilten in der Regel Militärs und Beamte wie überhaupt das Bürgertum. Nicht alle verstanden sich indes als Verfechter eines solchen Staates, am wenigsten die Arbeiterschaft, die die geringsten Rechte genoss, und die Bevölkerung der 1870 wiedereroberten Gebiete Elsass-Lothringens. Auch hier unternahmen Regierung und Kaiser wenig, um die Ursachen dieser Missstimmung zu beseitigen. So blieb es z.B. ungeahndet, dass 1913 in Zabern ein preußischer Leutnant elsässische Zivilisten, die gegen Übergriffe des Militärs protestiert hatten, willkürlich und ohne Rechtsgrundlage verhaften ließ.
Zur selben Zeit schickte sich das deutsche Reich an, in Übersee Kolonialgebiete zu erobern. Der Kaiser unterstützte mit seinen „säbelrasselnden" Reden diese Absichten. So ergaben sich Konflikte mit anderen europäischen Staaten, die ähnliche Ziele verfolgten. Das Ergebnis war eine Reihe politischer Krisen, die seit 1905 immer wieder die Gefahr eines Weltkrieges heraufbeschworen. Als beispielsweise Frankreich 1911 in Marokko endgültig Fuß fasste, entsandte Deutschland ein Kanonenboot vor die nordafrikanische Küste. Der Konflikt konnte zwar noch einmal beigelegt werden, die internationalen Spannungen verschärften sich jedoch und endeten schließlich im 1. Weltkrieg (1914-18).

Aus: Günter Scholdt / Dirk Walter: Stundenblätter Carl Zuckmayer, „Der Hauptmann von Köpenick". Stuttgart: Klett Verlag, [7]1995, S. 30f.

Berichte, Zeitungskommentare, Steckbrief, literarische Texte zum historischen Ereignis

Meldung der Berliner „Täglichen Rundschau“ vom 17. Oktober 1906:
„Ein als Hauptmann verkleideter Mensch führte gestern eine von Tegel kommende Abteilung Soldaten nach dem Köpenicker Rathaus, ließ den Bürgermeister verhaften, beraubte die Gemeindekasse und fuhr in einer Droschke davon.“[1]

Steckbrief:
Die Beschreibung des falschen Hauptmanns im Steckbrief:
„Nach den neuesten Ermittlungen ist die genaue Beschreibung des Täters die folgende: 50-60 Jahre alt, 1,75 m groß, schlank, nach vorn gebeugte Kopfhaltung, silbergraues, etwa 1 cm langes dichtes Kopfhaar, grauer, unter der Nase rötlich-blonder Schnurrbart, krankhaft gelbe Gesichtsfarbe, eingefallene Backen, vorstehende Backenknochen, ziemlich breites Gesicht, tief liegende Augen, um dieselben bogenförmige Falten, große Ohren. Die Nase ist bis zur Spitze schmal, hat aber breite, scharf markierte Flügel und ist etwas schief, zeigt auch in der Umgebung Finnenlöcher. Der Täter, der schmale weiße Hände hat, ist auffallend hässlich. Die Kopfweite beträgt 56 1/2 cm, die Taillenweite etwa 80 cm.[2]

[1] Scholdt: Stundenblätter, a.a.O., S. 30
[2] Zitiert nach Scheible, Erläuterungen und Dokumente, a.a.O., S. 100 ff.

Bekanntmachung
2500 Mk. Belohnung
Raub in Cöpenick.
Unbekannter Räuber.

Ergebnis der bisher angestellten Ermittlungen über den im Rathause zu Cöpenick am 16. d. Mts. nachmittags durch einen falschen Hauptmann verübten Kassenraub. Vergl. Bekanntmachung im Deutschen Fahndungsblatt vom 19. d. Mts. Stück 2304.
Der Täter erschien am 8. d. Mts. vormittags in Potsdam bei dem Händler Remlinger, Mittelstraße 3, und kaufte einen Offiziersmantel und Überrock. Er machte auf den Verkäufer nicht den Eindruck eines besonders gebildeten Mannes. Sein Anzug bestand aus dunklem Jackett, ebensolcher Hose, schwarzem, steifem Hut, Stehkragen. Am Freitag, den 12. d. Mts., kaufte er in einem Berliner Geschäft eine Militärmütze; wo Infanterie-Degen und schwarzes Lackunterschnallkoppel mit blauem Gurt gekauft sind, ist noch nicht ermittelt. Am Dienstag, den 16. d. Mts. ist der Täter morgens in Cöpenick gewesen; um 9 3/4 Uhr besuchte er das Seestraße 3 gelegene Schanklokal von Reichel, wo er sich bis 12.40 mittags aufhielt. [...] 12.50 Uhr sprach er dann die Wachen in der unmittelbar an der Seestraße gelegenen Sylterstraße an, mit denen er zur Begehung der Tat nach Cöpenick fuhr. Gegen 7 1/2 Uhr abends hat er sich noch in Uniform im Kleidergeschäft von Hoffmann, Friedrichstr. 50/51, einen schwarzen Jackett-Anzug, schwarzen, haarigen Cheviot-Winterüberzieher und einen schwarzen, steifen Filzhut gekauft. Diese Sachen tragen die Firmenbezeichnung. Hier hat er einen geraubten Tausendmarkschein gewechselt. Mittels Droschke ist der Täter dann nach dem Bahnhof der Mittenwalder Kleinbahn in Rixdorf, Hermannstraße gefahren, hat sich dort umgezogen und den Degen mit Koppel zurückgelassen. Weiter hat sich bisher die Spur des Täters nicht verfolgen lassen.
Um Auskunft, ob bestrafte oder geisteskranke Personen, auf welche die Beschreibung zutrifft, bekannt sind, sowie um schleunige Mitteilung aller auch noch so geringfügiger Anhaltspunkte dringend gebeten.

Berlin, 22. Oktbr. 06.
Der Polizei-Präsident

Deutsches Fahndungsblatt, Jg. 8, St. 2306, No. 33.

Chronologie der Ereignisse

Vorbereitungen

8.10.1906

Voigt kauft sich vormittags beim Trödler Remlinger in Potsdam einen grauen Offiziersmantel und einen Überrock des 1. Garderegiments.

10.10.1906

Voigt kauft eine Feldbinde.

12.10.1906

Voigt kauft sich eine Militärhose beim Trödler Remlinger und in Berliner Geschäften Anschlusssporen, einen Degen mit Koppel und eine Militärmütze.

Der Tag von Köpenick

16.10.1906

3:45 Uhr: Voigt verlässt seine Wohnung.

4:00 Uhr: Er fährt mit dem Zug nach Köpenick.

5.10 Uhr: Tasse Kaffee bei Gastwirt Augustin, Ecke Grünstraße. Danach zum Rathaus.

6:00 Uhr: Voigt kehrt nach Berlin zurück. Fahrt mit der Droschke.

9:45 Uhr bis 12.45 Uhr: Frühstück im Schanklokal.

12.50 Uhr: Er bringt die gerade vom Dienst zurückkehrende Wache der Militärschwimmanstalt Plötzensee und die ebenfalls vom Dienst zurückkehrende Schießstandwache des vierten Garderegiments, die beide unter dem Befehl eines Gefreiten standen, unter sein Kommando (4 Füsiliere und 6 Gefreite). Gemeinsame Fahrt vom Bahnhof Putlitzstr. nach Köpenick; gemeinsame Mittagsmahlzeit in einer Köpenicker Bahnhofswirtschaft. Marsch zum Rathaus und Aufstellung der Posten. Besetzung der Eingänge. Festnahme von Oberstadtsekretär Rosenkraut, Bürgermeister Dr. Langerhans und Stadt-Rendant von Wiltberg. Übernahme der Stadtkasse.
In requirierten Droschken werden der Bürgermeister, seine Gattin und Kassenrendant von Wiltberg nach Berlin zur Neuen Wache in Marsch gesetzt. Voigt geht zu Fuß zum Bahnhof und fährt nach Berlin.

Danach „verschwindet“ der Hauptmann spurlos, d.h. nach einem Cafébesuch in der Nähe der „Neuen Wache“, von wo aus er die Ankunft des Bürgermeisters beobachtete, kauft er sich einen Zivilanzug und entledigt sich der Uniform.

17. bis 22.10.1906:

Hohe Belohnungen werden für die Entdeckung des Geister-Hauptmanns ausgesetzt: 2000 Mark vom Regierungspräsidenten v. Potsdam, 2500 Mark Belohnung vom Polizeipräsidenten.

bis 25.10.1906:

keine Spur vom Hauptmann

Kallenbergs Verrat

Kallenberg, mit dem er in Wongrowitz eingebrochen war, erinnert sich an eine Äußerung, Voigt wolle „Sache mit dem Militär drehen“.

26.10.1906

10 Tage nach der Tat wird Voigt von der Polizei verhaftet.

30.11. und 1.12.1906

Gerichtsverhandlung vor der 3. Strafkammer des Landgerichts Berlin 11 (Moabit)

Urteil

im Namen des Kaisers:

4 Jahre Gefängnis, Voigt trägt die Kosten des Verfahrens, die militärischen Ausrüstungsgegenstände werden eingezogen. Die Anwälte stellen kein Gnadengesuch.

Haft in Tegel

15.8.1908

Begnadigung durch den Kaiser

Januar 1909

Voigts **Autobiografie** erscheint.

Die Köpenickiade in den Zeitungen

Sozialdemokratische Zeitung *„Vorwärts“* (18. Oktober 1906):

„Die Welt lacht. Über die deutschen Grenzen hinaus, über den englischen Kanal und den Atlantischen Ozean dringt ein schrilles Hohngelächter. Die Welt lacht auf Kosten des preußischen Junkerstaats. Die Achtung, die deutsche Wissenschaft, deutsche Industrie sich im Auslande erworben haben, erstickt in einem spöttischen Gelächter.“

Bürgerliche *„Vossische“ Zeitung* (19. Oktober 1906):

„Des Königs Rock“

„Eigentlich muss es wundernehmen, dass der Gauner im Offiziersrock noch immer eine Seltenheit ist. Vielleicht wird es nach dem Köpenicker Schelmenstück anders. Denn die Mitglieder der Verbrecherzunft haben erfahren, wie leicht sie das gewagteste Unternehmen durchführen können, wenn sie die Uniform angezogen haben. Der Respekt vor den Epaulettes[1] ist den Deutschen durch Gesetz und Verwaltung seit Menschengedenken anerzogen worden. In der Tat, des Königs Rock, oder vielmehr der Offiziersrock ist eine rechtliche, vom Gesetz privilegierte Einrichtung, ganz unabhängig von der Person, die in dem Rocke steckt...“

***Berliner Tageblatt* vom 17. Oktober 1096**

„Fetisch Uniform“

„Es ist ein beschämendes Zeichen für Bürgersinn, Mannesmut vor Königsthronen, Rechtsstaat, Konstitutionalismus, und wie die schönen Worte alle heißen mögen, aber es ist nun einmal eine Tatsache, dass in Preußen die Uniform herrscht und regiert. Vor der Uniform liegen alle auf dem Bauch, die sogenannte, ‚Gesellschaft‘, die Behörden vom Minister bis zum letzten Nachtwächter, das Bürgertum und die Masse des Volkes auch. [...] Wer die Uniform trägt, der siegt, nicht weil er besser oder klüger oder weitsichtiger wäre als die anderen, sondern weil er uniformiert ist. Trotzdem hätte der Gauner sein Ziel nicht erreichen können, wenn dem preußischen Soldaten nicht systematisch das Denken abgewöhnt würde.“

Konservative *Neue Preußische Zeitung* (Motto: „Vorwärts mit Gott für König und Vaterland“)

Abendausgabe vom 18. Oktober 1906:

„Der Gaunerstreich in Köpenick wird bereits zu einer politischen Sensation aufgebauscht. Namentlich soll er gegen den Militarismus ausgenutzt werden [...]. Wer daraus, dass ein Pseudohauptmann ein paar Soldaten unter seine Kommandogewalt bringen und zu einem Verbrechen gebrauchen konnte, den Schluss ziehen will, dass in Preußen die Pflicht des militärischen Gehorsams überspannt werde, der nenne uns doch ein Heer, in dem der Soldat bei jedem Dienstbefehl die schriftliche Autorisation seiner Vorgesetzten [...] nachprüfen darf oder muss. [...] Was aber bei den Soldaten begreiflich ist, das ist bei den Herren von der Köpenicker Stadtverwaltung doch kaum begreiflich.“

Zit. nach: Siegfried Mews: Zuckmayer, Der Hauptmann von Köpenick, Grundlagen und Gedanken zum Verständnis des Dramas. Diesterweg Verlag, Frankfurt/M. 1972, S. 11f.

---

[1] Schulterstück der Uniform

Der Hauptmann kommt

In Anlehnung an Detlev von Liliencron

Klingling, bumbum und tschingdada,
Zieht im Triumph der Perserschah?
Und um die Ecke brausend bricht's
Wie Tubaton des Weltgerichts,
Voran der *Bürgermeister.*

Im Städtchen tönt der Krieger Tritt
Gar lustig im Paradeschritt,
Und selbstbewusst und kerzengrad'
Marschieren sie zur großen Tat,
Voran der Herre *Hauptmann.*

Der Hauptmann naht mit stolzem Sinn,
Die Schuppenkette unterm Kinn,
Die Schärpe schnürt den schlanken Leib,
Beim Zeus! Das ist kein Zeitvertreib,
Und dann det viele Jelde! ...

Auf Ordnung hält der Hauptmann auch,
Er zählt nach Revidenten-Brauch
Den Kasseninhalt ganz genau
Und steckt die Scheine braun und blau
Sodann in seine Tasche.

Die Köpenicker, dicht gedrängt,
Steh'n schwitzend ins Spalier gezwängt.
Aus Tür und Tor und Hof und Haus
Schaut Mine, Trine, Stine aus –
Und keiner wagt zu mucksen!

Der Hauptmann unterdes ganz sacht
Hat schlau sich aus dem Staub gemacht.
Ganze leise bumbumbumbum tsching
Flog da ein bunter Schmetterling
Tsching, tsching, bum, um die Ecke.

In der *Vossischen Zeitung* vom 18. Oktober 1096 und in der Prager *Bohemia.* Zitiert nach Mews, a. a. O.

Moritat

„Publikum, vernimm die Mär der Mären
von der jrimmig jrässlich jrausen Jreueltat!
Ach, noch immer weinet blutje Zähren
Köpenick, die hochjelobte Stadt."

Zitiert nach Werner Frizen: Carl Zuckmayer.
Der Hauptmann von Köpenick. Oldenbourg Verlag, München, 1988.

Steckbrief

Gegen den oben stehend abgebildeten, unten beschriebenen

Hauptmann von Köpenick,

welcher flüchtig ist, ist die Untersuchungshaft verhängt. Derselbe hat einen Bürgermeister und einen Kassenrendanten gestohlen. Es wird ersucht, ihn zu verhaften und an den Unterzeichneten abzuliefern.
Beschreibung: unbeschreiblich.

Aus: Kladderadatsch 1906.

Der Räuberhauptmann von Köpenick

Otto Reutter

Ihr Leute, höret die Geschicht,
die ich aus Köpenick bericht.
Sehr kluge Leute wohn darin,
denn Köpenick liegt bei Berlin.
Was dort vor kurzem ist gescheh'n,
das hat die Welt noch nicht gesehn.
Was rennt das Volk, was wälzt sich dort
die langen Gassen brausend fort?
Voran die Grenadiere,
des Königs Grenadiere,
auf jeder Seite viere
und der Gefreite vorn.

Ja, zeigt sich wo ein blanker Knopp,
nickt man vor Ehrfurcht mit dem Kopp.
Das Köppenicken, das bringt Glück.
Daher der Name Köpenick...
Die Grenadiere stellten sich
vors Rathaus – es war fürchterlich –
die Leute standen auf dem Damm,
die Grenadiere standen stramm.
Dann kam der Herre Hauptmann,
der Hauptmann, der Hauptmann.
Ja, was der sagt, das glaubt man.
„Der Hauptmann hat's gesagt!"

Der Hauptmann zog ins Rathaus ein,
und dort gehorcht ihm Groß und Klein.
Die Polizei von Köpenick
hielt selbst das Publikum zurück.
Der Hauptmann zählt den ganzen Kitt.
Er nahm sogar die Pfenn'ge mit.
Doch vorher wurde der Rendant
zur neuen Wache hingesandt –
und dann der Bürgermeister,
der Meister, der Meister –
der Klügste aller Geister,
ein kluger Langerhans.

Als alles nun geschehen dort
und als der Hauptmann lange fort,
da wurde erst den Leuten klar,
dass er ein Räuber-Hauptmann war.
Jetzt sucht man, wo der Schwindler steckt.
Die Mütze hat man schon entdeckt.
Den Säbel bracht' man auch herbei,
und fröhlich ruft die Polizei:
„Jetzt hab'n wir auch die Hose –
Die Hose, die Hose" –
Doch's Pech ist bei der Chose:
Der Hauptmann ist nicht drin.

Und die Moral von der Geschicht:
Die Hauptsach ist der Hauptmann nicht.
Die Uniform verschafft Respekt,
ganz gleich, wer auch darinnen steckt.
Wo eine Uniform sich zeigt,
da wird man ängstlich und man schweigt,
da wird nur noch „Hurra" geschrien.
Ja, eine solche Disziplin,
die hab'n wir nur in Preußen,
in Preußen, in Preußen,
wenn alle Stränge reißen –
stramm hält die Disziplin!

Verlag Otto Teich, Darmstadt

Aus den Prozessakten

Zeuge Hilbrecht

Der Hofschuhmacher Hilbrecht aus Wismar, bei dem Voigt vor der Tat von Köpenick arbeitete, stellt ihm ein glänzendes ***Leumundszeugnis*** *aus:*

Zeuge: Der Angeklagte Voigt hat bei mir in Wismar als Schumachergeselle gearbeitet. Er hat sich ganz ausgezeichnet geführt und war ein guter, brauchbarer Arbeiter und ein nüchterner und fleißiger Mensch. *Ich* nur allein wusste aus dem Vorleben des Voigt und habe zu niemand darüber gesprochen, auch habe ich ihm streng untersagt, zu anderen darüber zu sprechen, denn ich wollte ihn wieder zu einem anständigen und nützlichen Menschen machen. Voigt hatte eine Arbeitsstube für sich und sollte wie zur Familie gehören. Am Abend saß er mit mir am Tisch und hat aus der Zeitung vorgelesen, was er sehr schön konnte. Wenn er einmal des Abends fehlte, hieß es gleich: Wo ist denn Voigt heute? Für mich selbst schrieb er sämtliche Briefe. Gleich am ersten Abend arbeitete er bis 1/2 11 Uhr nachts, um eine Durchnähmaschine in Ordnung zu bringen. Nicht nur der Fleiß des Voigt, sondern auch die Ehrlichkeit ließ nichts zu wünschen übrig. Er hat wiederholt Gelegenheit gehabt, Geld zu nehmen, ich vertraute ihm sogar meinen Kassenschlüssel an. [...]

Rechtsanwalt Dr. Schwindt befragt den Zeugen, wie sich der Angeklagte benommen habe, als ihm die Mitteilung von seiner Ausweisung aus Wismar gemacht wurde.

Zeuge: Voigt hat bitterlich geweint und gezeigt, dass ihm dies sehr nahe ging, weil er so gern bei mir bleiben wollte.

Der Zeuge bestätigt auch, dass sich Voigt in Wismar redlich bemüht habe, Papiere zu bekommen. Dies sei ihm jedoch aus irgendeinem Grunde nicht möglich gewesen.[1]

Aus dem ***Plädoyer des Staatsanwalts*** *Wagner:*

„Es ist Pflicht, diesen alten Gewohnheitsverbrecher so lange als möglich unschädlich zu machen, und gerade sein Fall liefert den Beweis dafür, dass die Polizeiaufsicht, so hart sie für den Einzelnen sein mag, im Interesse der Allgemeinheit notwendig ist. Wie entlassene Gefangene zu behandeln sind, ist ja seit langer Zeit Gegenstand der Erwägung der berufenen Organe. Der Angeklagte ist ja nicht als gebrochener Mann aus dem Zuchthaus gekommen, sondern er hat rasch Gelegenheit zum Arbeiten und Verdienen gefunden, ist dann aber wieder ganz plötzlich dem verbrecherischen Trieb gefolgt und hat alles an seinen abenteuerlichen Plan gesetzt. Einem solchen Manne gegenüber gilt es nur, zu sühnen und zu sichern. Zu sühnen ist sehr viel. Es handelt sich um einen kühnen Eingriff in die militärische Kommandogewalt und einen dreisten Angriff auf die Köpenicker Gemeindeverwaltung, um eine arge Störung der staatlichen Ordnung. Ich beantrage gegen den Angeklagten 5 Jahre Zuchthaus, Verlust der bürgerlichen Ehrenrechte und Einziehung der Uniform."

Aus dem ***Plädoyer des Verteidigers*** *Rechtsanwalt Bahn:*

„Nach meiner Ansicht ist die Sache nicht vorwiegend aus juristischen Gesichtspunkten, sondern aus dem Herzen heraus zu beurteilen. Mir ist unter Angeklagten kaum jemals eine Figur untergelaufen, die von solcher Tragik heimgesucht wurde und so sehr das Mitleid verdiente wie der Angeklagte Voigt. Der Staatsanwalt nennt ihn einen alten Verbrecher, man muss aber in diesem Falle tiefer hineinsteigen in das Seelenleben des Angeklagten, sowie in die Tiefen der Strafvollstreckung und der Ausweisungspolitik. Voigt ist ein Opfer der Verhältnisse geworden, ein Opfer höherer Gewalt, die ihn wieder auf die Bahn des Verbrechens gedrängt habe. In seiner Jugend habe er es schlecht gehabt im Vaterhause, er kam ohne genügende Reife in die Großstadt, er machte als siebzehnjähriger Mensch die von ihm geschilderten Fälschungen der Postanweisungen und erhielt dafür die furchtbare Strafe von zehn Jahren Zuchthaus, die heute wohl in ganz Preußen kein Gerichtshof einem so jungen Menschen auferlegen würde. Noch furchtbarer und der Straftat kaum angemessen war die 15-jährige Zuchthausstrafe, die ihm zuerkannt wurde, nachdem er sich 10 Jahre lang straflos geführt hatte. Der gute Kern, der in ihm steckt, wurde dadurch vergiftet, umso mehr als er sah, dass ihm die Möglichkeit entzogen wurde, jemals wieder einen anständigen Lebensweg zu beschreiten. [...] Die 15 Jahre Zuchthaus erschienen ihm umso drakonischer, als ja keinerlei Schaden entstanden war. Der Angeklagte ist zweifellos der Polizei zum Opfer gefallen, sein Zug nach Köpenick ist auf die Ausweisung zurückzuführen.

Auch ein Ministerialerlass vom 14. Dezember 1860 verweise die Polizei auf die Pflicht, darauf Rücksicht zu nehmen, dass entlassenen Strafgefangenen die Rückkehr zum redlichen Erwerb er-

[1] zit. nach Heidelmeyer, a.a.O.

leichtert werde. Hätte man den Angeklagten bei dem Meister Hilbrecht in Wismar gelassen, so wäre es nicht zu der Tat von Köpenick gekommen und er säße wohl noch heute ruhig auf seinem Schusterschemel und strebte einem friedlichen Lebensabend entgegen. In juristischer Beziehung steht der Verteidiger auf dem Standpunkt, dass räuberische Erpressung vorliege und die Sache vor das Schwurgericht gehöre. Wenn das Gericht anderer Ansicht sei, so sollte es eine milde Strafe aussprechen. Das staatliche Ansehen sei durch den Schuster Voigt wirklich nicht geschädigt worden. Er habe auch nicht den Militarismus herabgesetzt, sondern im Gegenteil gezeigt, wie unerschütterlich der militärische Gehorsam ist. Er sei ein genialer Schauspieler, über dessen konsequente und logische Durchführung seiner Rolle das Publikum gelacht habe."

Das Urteil:

„Der Angeklagte ist des unbefugten Tragens einer Uniform, des Vergehens wider die öffentliche Ordnung, der Freiheitsberaubung, des Betruges und der schweren Urkundenfälschung, alles verübt im rechtlichen Zusammenhange, schuldig und wird derselbe zu einer Gefängnisstrafe von 4 – vier – Jahren verurteilt.
Er trägt die Kosten des Verfahrens. Die von dem Angeklagten bei der Straftat getragenen militärischen Ausrüstungsgegenstände werden eingezogen."

*Aus der **Urteilsbegründung:***

„Der Angeklagte ist aufgrund dieses Sachverhalts des unbefugten Tragens einer Uniform, der Amtsanmaßung, der Freiheitsberaubung, des Betruges und der schweren Urkundenfälschung – alles begangen durch eine und dieselbe Handlung – beschuldigt. Er gibt die drei ersteren Delikte zu. Dagegen bestreitet er, auf die Erlangung von Geld ausgegangen zu sein. Er will es nur auf ein Auslandspass-Formular abgesehen haben. Er habe sich nämlich, teils vor teils nach seiner Entlassung aus dem Zuchthause, vergeblich um einen Auslandspass bemüht. Eines solchen habe er aber nach seiner wiederholten Ausweisung dringend bedurft und er habe erwartet, ein Formular dazu – welches er dann selbst habe ausfüllen wollen – nebst den nötigen Stempeln in dem Rathause einer Stadt vorzufinden. Nur zu diesem Zwecke habe er sich des Köpenicker Rathauses bemächtigt und die leitenden Personen der Stadtverwaltung eingesperrt. Auch die Revision der Kasse habe er nur, um seine Rolle durchzuführen, und in der Annahme, dass er in dem Rendanten den Kämmerer und stellvertretenden Bürgermeister vor sich habe und auch ihn zeitweilig am Eingreifen verhindern müsse, vorgenommen. Das Geld habe er zunächst gar nicht in der Absicht der Aneignung an sich genommen, sondern es sei ihm durch den Gang der Ereignisse gewissermaßen aufgedrängt worden. Er habe es aber zunächst nur vorübergehend verwahren wollen und sich zur Mitnahme und Aneignung erst zuletzt entschlossen, als ihm – gelegentlich der Vorzeigung eines Passes seitens eines im Rathause zurückgehaltenen und um freies Durchpassieren bittenden Elektrotechnikers – eingefallen sei, dass solche Pässe nicht bei den Polizeiverwaltungen kleiner Städte wie Köpenick, sondern auf den Landratsämtern ausgestellt werden, und dass er also gar nicht darauf rechnen könne, Passformulare im Rathaus vorzufinden. Nunmehr habe er allerdings, um wenigstens einen anderen Erfolg davonzutragen, sich entschlossen, das von ihm bis dahin nur in Verwahrung genommene Geld für sich zu behalten. – Er gibt also statt der Beschuldigung des Betruges nur eine Unterschlagung zu.
[...]

Das Gericht hat daher für tatsächlich festgestellt erachtet:
Dass der Angeklagte zu Plötzensee und Cöpenick am 16. Oktober 1906 durch ein und dieselbe Handlung

1. unbefugt eine Uniform getragen,
2. unbefugt Handlungen vorgenommen hat, welche nur kraft eines öffentlichen Amtes vorgenommen werden dürfen,
3. vorsätzlich und widerrechtlich den Bürgermeister Langerhans, den Stadtkassenrendanten v. Wiltburg und den Obersekretär Rosenkranz des Gebrauchs der persönlichen Freiheit beraubt hat,
4. in der Absicht, sich einen rechtswidrigen Vermögensvorteil zu verschaffen, das Vermögen der Stadtgemeinde Köpenick dadurch um 3557,45 M beschädigt hat, dass er durch Vorspiegelung falscher Tatsachen einen Irrtum erregt,
5. in rechtswidriger Absicht eine Privaturkunde, welche zum Beweise von Rechten und Rechtsverhältnissen von Erheblichkeit ist, fälschlich angefertigt und von derselben zum Zwecke einer Täuschung Gebrauch gemacht hat, und

zwar in der Absicht, sich einen Vermögensvorteil zu verschaffen.

Der Angeklagte hat sich daher gegen §5 360,8, 132, 239, 263, 267, 2681 StGB vergangen. […] Es fragte sich, ob das Vorhandensein mildernder Umstände anzunehmen sei. Dagegen spricht außer den schweren Vorstrafen des Angeklagten, dass die Tat eine überaus raffinierte und einer ganz ungewöhnlichen verbrecherischen Energie entsprungen ist. Sie stellt sich als ein äußerst dreister Eingriff in die militärische Kommandogewalt des Staates und als ein verwegener und gefährlicher Angriff auf die Verwaltung einer Stadt dar. – Aber andererseits verdiente eine weitgehende Berücksichtigung der Umstand, dass der Angeklagte nach Verbüßung seiner letzten Strafe ernst und – soweit es an ihm lag – erfolgreich bemüht gewesen ist, sich seinen Lebensunterhalt ehrlich zu erwerben, und auf dem besten Wege war, ein nützliches Mitglied der bürgerlichen Gesellschaft zu werden, dass aber dieses Bemühen ohne seine Schuld vereitelt und er wieder auf den Weg des Verbrechens gedrängt ist. – Ferner wurde erwogen, dass, wenn auch die Strafe aus dem für das Verbrechen der schweren Urkundenfälschung bestimmten Gesetze zu verhängen ist, gerade diese Tat im vorliegenden Falle doch nur eine untergeordnete Bedeutung hatte. Diejenige Tat, welche dem inneren Wesen der Sache nach die Hauptsache ist, nämlich der Betrug, war bereits vollendet, die bare Kasse im Besitz des Angeklagten. Tatsächlich würde der Rendant, wie er bekundet, sich auch bei einer Ablehnung der Quittungserteilung seitens des Angeklagten beruhigt haben. Diese Quittungserteilung spielt also, wenn auch der Angeklagte sie für erforderlich gehalten hat zur Erhaltung des rechtswidrig erlangten Gewinns, in Wirklichkeit die sekundäre Rolle einer nebenher laufenden Episode. Es entsprach deshalb einer gewissen Billigkeit, auch aus dieser Erwägung heraus in Benutzung der durch § 268 Abs. 2 StGB gewährten Möglichkeit diejenige Strafart anzuwenden, welche für die eigentliche Haupttat, den Betrug, zu verhängen gewesen wäre.
Aus diesem Grunde sind mildernde Umstände als vorhanden angenommen und ist deshalb nicht auf Zuchthaus, sondern auf Gefängnis erkannt worden. Für die Abmessung dieser Gefängnisstrafe auf 4 Jahre waren wiederum die oben mitgeteilten teils strafschärfenden, teils mildernden Gesichtspunkte bestimmend.
Eine Erörterung, ob gegen den Angeklagten auf Verlust der bürgerlichen Ehrenrechte (§ 32 StGB) zu erkennen sei, erübrigt sich, da ein solcher bei der letzten Vorbestrafung ausgesprochen ist und noch bis zum Februar 1916 läuft.
Die angeordnete Einziehung beruht auf § 40 StGB. Die Kostenlast trifft den Angeklagten nach § 497 StGB."

Strafakte Wilhelm Voigt, Bd. 3. Zitiert nach Heidelmeyer, S. 146-151

1. *Fasse die strafverschärfenden und mildernden Umstände zusammen.*
2. *Stelle dir vor, du bist ein Journalist zur Zeit des Urteils und sollst einen Kommentar dazu schreiben.*
3. *Spielt die Verhandlung in Ausschnitten mit verteilten Rollen nach.*
4. *Überlegt in Gruppen, welches Urteil ihr für angemessen haltet, und begründet euer Urteil in Anlehnung an das abgedruckte Muster.*

Zum Leben Wilhelm Voigts

Die „Gefängniskarriere“ Wilhelm Voigts

geboren am 13.2.1859 in Tilsit

Verurteilungen

12.6.1863 vom Kreisgericht in Tilsit wegen Diebstahl zu **14 Tagen Gefängnis**

Wegen eines lächerlich geringfügigen Eigentumsdelikts, das ihm nicht einmal genau nachgewiesen werden kann, wird er zu vierzehn Tagen Haft verurteilt. Die für unser Empfinden harte Bestrafung ist nach der Moral jener Zeit ein Makel, der ihm fast jede denkbare bürgerliche Existenz von vornherein verschließt. Er ist vorbestraft.

9.9.1864 von demselben Gericht wegen Diebstahls zu **3 Monaten Gefängnis**

11.9.1865 von demselben Gericht wegen Diebstahls im wiederholen Rückfalle zu **9 Monaten Gefängnis und 1 Jahr Ehrverlust**

13.4.1867 vom Schwurgericht zu Prenzlau wegen Urkundenfälschung (2 Postanweisungen) zu **10 Jahren Zuchthaus und 1500 Talern Geldstrafe oder weiteren 2 Jahren Zuchthaus**
Da er die Summe nicht bezahlte, verbrachte er die zwei Jahre im Gefängnis.

5.7.1889 vom Landgericht zu Posen wegen schweren Diebstahls zu **1 Jahr Gefängnis** im Gefängnis Wongrowitz. Mithäftling: der Arbeiter Kallenberg

18.1.1890 von demselben Gericht wegen **Urkundenfälschung zu 1 Monat Gefängnis** zusätzlich zu dem Jahr Gefängnis vom 5.7.1889. Nach der Entlassung zusammen mit Kallenberg Einbruch in die Gerichtskasse Wongrowitz

12.2.1891 vom Landgericht zu Gnesen wegen schweren Diebstahls im Rückfalle zu **15 Jahren Zuchthaus**, im Zuchthaus Rawitsch zusammen mit Kallenberg. Ehrverlust auf 10 Jahre und Zulässigkeit der Polizeiaufsicht

12.2.1906 Als (im Februar) der inzwischen alt und grau gewordene Voigt – insgesamt hatte er nun fast dreißig Jahre seines Lebens hinter Gittern verbracht – auf freien Fuß gesetzt wurde, sich aber bald von der Polizei und den Behörden schikaniert, gedemütigt und ausgewiesen sah, wollte er sein Glück noch einmal versuchen. Voigt hatte eine geniale Idee. Die Allmacht des Militärs war im Reiche Wilhelms II. unumstritten. ‚Der Mensch fängt beim Offizier an‘, lautete die eigentliche Staatsdoktrin. Blinder Gehorsam und unerschütterlicher Glaube an die Uniform waren die höchsten Tugenden, die Seine Majestät von den Untertanen und besonders von seinen Beamten forderte. Das wusste jeder, auch Voigt. Und darauf baute er seinen Plan.

Nach: Lehmann, a.a.O.

Voigts neues Leben

Voigt reist kreuz und quer durch Europa (fuhr sogar nach New York), um mit Vorträgen über seine Geschichte und dem Verkauf von Postkarten – in Zivil 40 Pf., in Uniform 80 Pf., Autogramme 10 Pf. pro Zeile – Geld zu verdienen, und er trat im In- und Ausland auf Varietébühnen auf. (Zuckmayer hatte ihn 1910 bei einem Auftritt in Mainz gesehen.) Er hatte so großen Erfolg, dass er sich sogar einen Sekretär zum Verkauf der Postkarten leisten konnte. Da er aber wegen Verletzung der Gewerbeordnung erneut in Konflikt mit der Polizei Wilhelms II. geriet, zog er, zu einigem Wohlstand gekommen, nach Luxemburg. Inzwischen hatte er auch eine Beschreibung seiner „Köpenickiaden“ verfasst.
Als er am 3. Januar 1922 starb, war er durch die Inflation wieder so arm wie vor seinem Hauptmannsstreich.

zit. nach Lehman, a.a.O.

Auszüge aus einer Glosse (Süddeutsche Zeitung)

[...] Der helle, aber arme und von den Behörden herumgestoßene Schuster Voigt, den Carl Zuckmayer in seinem „Hauptmann von Köpenick“ unsterblich machte, wurde nach der Haftzeit ins Ausland abgeschoben und starb 1922 in Luxemburg. Die Stadt öffnete ihm ein Armengrab, das jetzt endgültig verfallen wäre, hätten sich nicht tausend helfende Hände zu seiner Erhaltung gerührt. [...]
125 Jahre nach seiner Geburt wird ein Mann geehrt, der sich die Offizierswürde beim Kleidertrödler ausborgte und mit der preußisch-deutschen Militärräson konsequent Schlitten fuhr.
Eine Gruppe europäischer Abgeordneter legte vorgestern einen Kranz an Voigts Grab nieder, das demnächst auch noch eine Statue des Anti-Helden zieren soll. Die Spenden dafür fließen offenbar reichlich; sie kommen von so unterschiedlichen Körperschaften wie dem Berliner Senat und den Kölner Karnevalsvereinen, von ungenannten Bankdirektoren und solidarischen Schuhmachern. [...]
Hingegen sind Carl Zuckmayer und Heinz Rühmann, der Film-Voigt, von der Aktion unterrichtet und sicher mit von der Partie. So entsteht auf dem Luxemburger Friedhof Deutschlands einzige nationale Gedenkstätte, an der offen gelacht werden darf.

Süddeutsche Zeitung, München, 27./28.9.1975

Wilhelm Voigt

Wie ich Hauptmann von Köpenick wurde

Jn jenen Tagen las ich in einer Zeitung einen Artikel. ... Darin wurde ausgeführt, daß ſelbſt eine ganz geringe Vorſtrafe der Polizeibehörde dazu dienen könnte, der beſtraften Perſon den Aufenthalt in ihrem Ort zu erſchweren oder ganz unmöglich zu machen. ... Dieſer Artikel ließ mich nicht wieder los. Und ich kam zu der Erkenntnis, daß ich mich auf jeden Fall in den Beſitz einiger Paßformulare ſetzen müſſe.

Nur iſt mir hier ein großer Jrrtum paſſiert. Meinen erſten Paß hatte ich nicht von der Polizeibehörde erhalten, wie ich glaubte, ſondern das Landratsamt hatte ihn mir ausgeſtellt. ...

Jch glaubte, daß die Paßformulare in dem Sekretariat der Polizeiverwaltung aufbewahrt würden, und beſchloß demgemäß, mir dieſelben aus irgendeinem zugänglichen Bureau zu holen.

Die Frage drehte ſich nur noch um das Wie und Wo.

Der Plan meiner Köpenickiade begann in mir zu reifen!

Außerdem mußte ich mit Recht annehmen, daß, nachdem ich zwei Ausweiſungen hinter mir hatte, auch die nachfolgenden Orte, die ich aufſuchte, mit der gleichen Rückſichtsloſigkeit gegen mich verfahren würden.

Wenn vielleicht heute einer oder der andere ſagen würde, »nein, das wäre nicht geſchehen!«, ſo iſt das wertlos, denn was mir damals widerfuhr, das iſt ſchon vor Jahren Tauſenden geboten worden, ohne daß ſich je eine Hand oder ein Fuß zur Hilfe gerührt hätte ... Genug, ich arbeitete meinen Plan aus und habe bewieſen, daß ich der Mann war, ihn auch durchzuführen. Was ſoll da all das Gerede, womit man an meinem Vorgehen, ja ſelbſt an meiner Uniform herumkritiſiert?! ... Beiſpielsweiſe, ich hätte keinen Helm getragen! ...

Aus: Wie ich Hauptmann von Köpenick wurde. 1. Ausgabe, Berlin und Leipzig: Puttmann Verlag 1909. (Wilhelm Voigts Autobiografie)

Themenkreis Militarismus: Aussagen Wilhelms II.

Kaiser Wilhelm II über die Armee:

„Die allgemeine Wehrpflicht war die beste Schule für die körperliche und sittliche Ertüchtigung unseres Volkes. Sie schuf uns freie, ihres Wertes bewusste Männer. Aus diesen Männern ergänzte sich ein vortreffliches Unteroffizierkorps, und dieses wieder lieferte uns eine Beamtenschaft, wie sie in ihrer Tüchtigkeit, Unbestechlichkeit und Pflichttreue kein anderes Volk der Erde aufzuweisen hatte.
Das Offizierskorps nahm, entsprechend seiner hohen Aufgabe als Erzieher und Führer des Volkes in Waffen, eine besondere Stellung im Staate ein. Die Selbstergänzung, die mit der Einrichtung der Offizierswahl in die Hände der einzelnen Offizierskorps gelegt war, verbürgte die notwendige Homogenität. Schädliche Auswüchse von Kastengeist waren vereinzelt. Wo sie sich fühlbar machten, wurden sie sogleich abgestellt."

Kaiser Wilhelm II: Ereignisse und Gestalten aus den Jahren 1878-1918, Leipzig und Berlin: Koehler 1922, S. 24-27

An anderer Stelle äußert Wilhelm II zur Bedeutung von Wehrdienst und Uniform:

„In der allgemeinen Wehrpflicht hatten wir einst die große Schule für die Erzeugung solcher Pflichtgesinnung, die Pflanzstätte des völkischen Stolzes, durch die Erfüllung der Pflicht, Volk und Staat verbunden zu sein. ‚Des Königs Rock' war der Rock des ‚ersten Dieners des Staates'. Darin lag seine so oft verkannte symbolische Bedeutung."

Alfred Niemann: Wanderungen mit Kaiser Wilhelm II. Leipzig 1924. S. 122f.

Karikatur Wilhelms II. Aus: Friedrich Wendel: Wilhelm II. in der Karikatur, Dresden 1928

1. *Vergleiche die Rolle, die Wilhelm II. dem Militär zuschreibt, mit der Bedeutung des Militärs in Deutschland heute.*

2. *Was verstehst du unter „Pflichtgesinnung"? Suche Beispiele dafür im „Hauptmann von Köpenick".*

Juden im „Hauptmann von Köpenick“

Aus heutiger Sicht erscheinen die Textstellen, die Vertreter des Judentums betreffen, fast durchgängig problematisch (z.B. 9/10 und 35), zumal vor dem Hintergrund eines in Europa wieder erstarkenden Antisemitismus. Es war Zuckmayers Absicht, ein möglichst facettenreiches Bild der Gesellschaft zu zeichnen, was ihm auch durch die Darstellung der Juden authentisch gelang. Gleichzeitig ruft die Art der Darstellung der Juden jedoch heute Widerspruch hervor. So wirkt die Bezeichnung „Rassenmerkmale“ befremdlich, zumal sie innerhalb der Dramaturgie der Szene keine Bedeutung besitzt. Soll man Zuckmayer Populismus (durch Komik auf Kosten von Juden) vorwerfen, der gerade 1931, als die Bedrohung der jüdischen Bevölkerung in Deutschland schon erkennbar war, bedenklich erscheint? Wie steht Zuckmayer zum Judentum und den kulturellen Wurzeln seiner Familie mütterlicherseits? Wie soll man die Juden bei heutigen Aufführungen darstellen?
Wenn Bedarf besteht, kann dieser Themenkreis in reiferen Klassen/Kursen im Zusammenhang mit der Entstehung des Stückes und der vita Zuckmayers besprochen werden.
Zu dem jüdischen Element im „Hauptmann von Köpenick“ hat sich Zuckmayer 1960 geäußert:

„Bei dieser wie vorher bei anderen Inszenierungen des (im Jahr 1930 geschriebenen) „Hauptmanns von Köpenick“ hat sich die Frage erhoben, ob man, nach allem, was geschehen ist, und unter Eindruck neuerer Begebenheiten, die Gestalt des jüdischen Kleiderhändlers Krakauer und des kgl. preußischen Uniformschneiders Wormser unverändert so spielen soll, wie sie im Buch stehen und in der damaligen Zeit gelebt haben. Ich bin der Meinung, dass man sie unverändert spielen muss. Man soll einem heutigen Theaterpublikum weder die Konfrontation mit diesen Gestalten ersparen, noch soll man es einer falschen Auffassung und einer unwürdigen Reaktion verdächtigen.

Über Juden zu lachen hatte (außer für die Juden selbst) immer einen etwas bitteren Beigeschmack, waren sie doch von jeher (und nicht nur in Deutschland) dem Spott und der Missachtung – wohl auch dem Aberglauben – gewisser Volksteile ausgesetzt. Was nun gerade den deutschen Juden durch Deutsche, in einer Zeit des Terrors und der Umnachtung, geschehen ist, muss uns alle, ohne Ausnahme – so sehr wir den Gedanken einer „Kollektivschuld“ ablehnen mögen – mit einer, wie Theodor Heuss sich ausdrückte, „Kollektivscham“ erfüllen. Der geht man nicht aus dem Wege und das Geschehene schafft man nicht aus der Welt, indem man aus einem Gesamtbild des früheren Deutschland, denn etwas Ähnliches versuchte mein „Deutsches Märchen“, die Juden „weglässt“, und so tut, als wären sie gar nicht da gewesen. Sie waren da – sie bevölkerten, wie mein Jude Krakauer in der Grenadierstraße, zum Teil aus östlichen Bezirken zugewandert, gewisse Gegenden Berlins, sie gehörten zum Bild des Volkslebens, zur Folklore, und (wie der Erste Weltkrieg bewies) durchaus zur Nation, sie bildeten darin ein bedeutsames, ja lebenswichtiges Element, sie liebten und pflegten ihr Deutschtum, sie nahmen keinem Christen sein Brot weg, sondern erwarben und vermehrten das ihre und wurden dadurch gerade in Berlin zu einem Ferment des kulturellen und geistigen Lebens, dessen Fehlen sich heute schmerzlich bemerkbar macht. Sie waren da und sie sind nicht mehr da. Diese grausame Tatsache durch ihr „Weglassen“ zu vernebeln käme mir wie eine Feigheit vor, als wolle man davor kneifen. Das soll man davor aber genauso wenig wie vor dem Anblick des Elends, das verhärtete Bürokratie und falscher Autoritätswahn – nicht nur in Deutschland – über den Menschen bringt.

[...] Es wäre für mein Gefühl eine Unterschätzung und Missachtung dieses Publikums, ihm eine „judenreine“ Verlegenheitsausgabe vorsetzen zu wollen.

Aus: Frankfurter Allgemeine Zeitung, 3. Mai 1960, S. 20

Entstehung und Rezeptionsgeschichte

Carl Zuckmayer:

„Im September 1930 besuchte mich mein Freund, der wusste, dass ich [...] an „Der Hauptmann von Köpenick“ arbeitete [...].

‚Du solltest dich lieber nach einem anderen Stoff umsehen‘, sagte er zu mir, ‚es ist nicht mehr die Zeit dafür‘. Er hatte die Zeitung mitgebracht, sie enthielt den Bericht über jene berühmten Reichstagswahlen, durch welche die Nationalsozialisten, vorher eine kleine Stänkergruppe des Parlaments, in einem beispiellosen Überraschungserfolg von heute auf morgen die zweitstärkste Partei Deutschlands geworden war. ‚Dann‘, sagte ich, ‚ist wohl gerade Zeit für das Stück‘. Es kam im März 1931 heraus und wurde bis Ende 1933 an vielen deutschen Bühnen immer wieder gespielt. Dann wurde es verboten und jener Freund schien endlich Recht zu bekommen: Es hatte mir den besonderen Grimm der neuen Machthaber eingetragen.

Damals, als das politische Verhängnis über Deutschland heraufzog, zeigte mir gerade die Warnung dieses Freundes – ich hatte nicht viele solche –, dass es der rechte und vielleicht letzte Augenblick war, dem deutschen Volk im Spiegel des Humors und einer Vergangenheit, an deren bitteren Folgen unsere Gegenwart noch schwer genug zu tragen hatte, die Gefahren der Zukunft vorzustellen [...]

So entstand aus der Anekdote vom vorbestraften Schuster Voigt, der eine Stadt genasführt hatte, ‚das deutsche Märchen‘ von der Uniform, die stärker wird als der Mann, der sie trägt, und die, holt man sie aus der Trödelbude des Altkleiderhändlers hervor, ein ganzes Land, ein Volk, eine Welt zu verblenden und in den Dreck zu führen vermag.“

Zuckmayer zur Entstehung des Hauptmann von Köpenick. Im Programmheft der Münchner Kammerspiele; Spielzeit 1962/63, H.4. Zitiert nach Knaurs Großer Schauspielführer. Droemersche Verlagsanstalt Th. Knaur Nachf. München, 1985.

„Denn wenn auch die Geschichte mehr als zwanzig Jahre zurücklag, so war sie gerade in diesem Augenblick, im Jahre 1930, in dem die Nationalsozialisten als zweitstärkste Partei in den Reichstag einzogen und die Nation in einen neuen Uniform-Taumel versetzten, wieder ein Spiegelbild, ein Eulenspiegel-Bild des Unfugs und der Gefahren, die in Deutschland heranwuchsen.“[1]

Aus: Zuckmayer: Als wär's ein Stück von mir.
 S. 440

„Die Wirkung des ‚Hauptmann von Köpenick‘ war tiefer und nachhaltiger als die des ‚Fröhlichen Weinberg‘. Das Stück wurde von Freund und Feind als das Politikum begriffen, als das es gemeint war. Und bis jetzt waren die Freunde, wenigstens unter dem Teil der Bevölkerung, der überhaupt ins Theater geht oder liest, noch in der Überzahl. Gerade daß hier auch die „Gegenseite“, das Militär vor allem, nicht blindlings verdammt und verteufelt, sondern mit dem Versuch zu dramatischer Gerechtigkeit dargestellt wurde, machte das Stück und sein Anliegen glaubwürdiger und ließ nicht das Mißtrauen und den üblen Nachgeschmack aufkommen, den betonte, einseitige Tendenz oder ‚Propaganda‘ immer verursacht. Es gab keine Theaterskandale, doch wütende Beschimpfungen von seiten der Nazipresse, vor allem in dem jetzt von Goebbels redigierten Berliner ‚Angriff‘, der mir, mit Hinblick auf eine Szene im Zuchthaus, verkündete, ich werde bald Gelegenheit haben, ein preußisches Zuchthaus von innen kennenzulernen. Auch wurde mir schon damals – für die kommende Machtergreifung – mit Ausbürgerung, Landesverweisung oder schlichtweg mit dem Henker gedroht. Schmähbriefe kamen – ich warf sie in den Papierkorb und hielt mich an die anderen, die zustimmenden und bestärkenden, die bis zum Schluß in der Überzahl waren. Seit Gogols ‚Revisor‘ die beste Komödie der Weltliteratur“, hieß es in einem spontanen Brief von Thomas Mann, den er mir nach dem Besuch der Aufführung geschrieben hatte. Das war für uns noch die Stimme Deutschlands – nicht das hysterische Geschrei der Hetzredner im Sportpalast.“[1]

Aus: Zuckmayer: Als wär's ein Stück von mir, a.a.O., S. 441f.

Diese Aufführungen des Theaterstückes liefen in ganz Deutschland weiter, fast zwei Jahre lang, bis zum Ende des Januar 1933. Wenn man das Lachen und die Zustimmung des Publikums in den immer ausverkauften Häusern hörte, konnte man fast vergessen, was draußen auf der Straße vorging und was sich im Reich zusammenbraute. Dort gab es nichts mehr zu lachen.“[1]

Aus: Zuckmayer: Als wär's ein Stück von mir, a.a.O., S. 444

Theo Rosebrock:

Nach dem Krieg tauchte er [„Der Hauptmann von Köpenick“] jedoch sehr schnell aus der Versenkung wieder auf. Die meisten deutschen Bühnen übernahmen ihn als eins ihrer ersten Stücke. Er wurde in der schweren Zeit nach dem Zusammenbruch Anlass zur Besinnung und Trost für viele. Später nahm sich auch der Film wieder des Stückes an. Man empfand den Ausgang des alten Films von 1931 als zu militärisch. Die Uniform

[1] Aus lizenzrechtlichen Gründen werden diese Texte nicht in reformierter Schreibung wiedergegeben.

hatte im Grunde doch gesiegt. Deswegen drehte man ihn 1956 neu, diesmal in Farbe und mit Heinz Rühmann in der Hauptrolle – übrigens eine der besten Rollen dieses Schauspielers. Helmut Käutner führte die Regie. Dem Film war genau wie dem Bühnenstück ein großer Erfolg beschieden, vor allem bei der Jugend.

Dem Film folgte im Dezember 1960 eine Fernsehinszenierung des Süddeutschen Rundfunks mit Rudolf Platte in der Hauptrolle, durch die das Stück Millionen von Zuschauern nahegebracht wurde. Hinzu kommt, dass der „Hauptmann von Köpenick" aus dem Spielplan der deutschen Bühnen nicht mehr wegzudenken ist. Das „deutsche Märchen" ist sicher eines der theaterwirksamsten Schauspiele. Es gehört sozusagen zu den klassischen Stücken und wurde als eins der wenigen Lustspiele in deutscher Sprache exemplarisch in die Lektürepläne der Schulen aufgenommen.

Aus: Theo Rosebrock: Carl Zuckmayers „Der Hauptmann von Köpenick". Hollfeld: Bange Verlag, [13]1994.

Carl Zuckmayer

Der Autor Carl Zuckmayer

Carl Zuckmayer wurde am 27. Dezember 1896 in Nackenheim/Rhein geboren. Er nahm als Freiwilliger am Ersten Weltkrieg teil und studierte anschließend in Heidelberg und Berlin, jedoch ohne sein Studium zu beenden. Zuckmayer widmete sich ganz dem Theater, wurde 1922 Dramaturg in Kiel und versuchte sich zunächst mit wenig Erfolg als Verfasser von Bühnenstücken. Später gelang ihm jedoch in Berlin der Durchbruch.
Von den Nationalsozialisten erhielt Zuckmayer 1933 Aufführungsverbot. Er emigrierte daher zunächst nach Österreich, später in die Schweiz und schließlich 1939 in die USA, wo er im Staate Vermont eine Farm betrieb.
Nach dem Zweiten Weltkrieg kehrte Zuckmayer nach Europa zurück. Er lebte bis zu seinem Tod im Jahre 1977 in Saas Fee in der Schweiz.

Literarische Texte im thematischen Umfeld des „Hauptmann von Köpenick“

*In seiner poetischen und politischen Reisebeschreibung **„Deutschland. Ein Wintermärchen“** von 1833 verarbeitet Heine aktuelle Eindrücke, die er während seiner Reise durch Deutschland 1843 gemacht hatte. Seit 1831 lebte Heine, der zu den erbittertsten Kritikern der politischen Verhältnisse in Deutschland gehörte, in der Emigration in Frankreich. Seine Verse voll beißenden Spotts richten sich im vorliegenden Ausschnitt vor allem gegen das Militär, das er als unzeitgemäß darstellt.*

Heinrich Heine (1797-1856)
Aus „Deutschland. Ein Wintermärchen“, Caput III

Zu Aachen langweilen sich auf der Straß
Die Hunde, sie flehn untertänig:
„Gib uns einen Fußtritt, o Fremdling, das wird
Vielleicht uns zerstreuen ein wenig.“

Ich bin in diesem langweil'gen Nest
Ein Stündchen herumgeschlendert.
Sah wieder preußisches Militär,
Hat sich nicht sehr verändert.

Es sind die grauen Mäntel noch
Mit den hohen, roten Kragen –
(Das Rot bedeutet Franzosenblut,
Sang Körner in früheren Tagen[1].)

Noch immer das hölzern pedantische Volk,
Noch immer ein rechter Winkel
In jeder Bewegung, und im Gesicht
Der eingefrorene Dünkel.

Sie stelzen noch immer so steif herum,
So kerzengrade geschniegelt,
Als hätten sie verschluckt den Stock,
Womit man sie einst geprügelt.

Ja, ganz verschwand die Fuchtel nie,
Sie tragen sie jetzt im Innern;
Das trauliche Du wird immer noch
An das alte Er[2] erinnern.

Der lange Schnurrbart ist eigentlich nur
Des Zopftums neuere Phase:
Der Zopf[3], der ehmals hinten hing,
Der hängt jetzt unter der Nase.

Nicht übel gefiel mir das neue Kostüm
Der Reuter, das muss ich loben,
Besonders die Pickelhaube, den Helm
Mit der stählernen Spitze nach oben.

Das ist so rittertümlich und mahnt
An der Vorzeit holde Romantik,
An die Burgfrau Johanna von Montfaucon[4],
An den Freiherrn Fouqué, Uhland, Tieck[5].

Das mahnt an das Mittelalter so schön,
An Edelknechte und Knappen,
Die in dem Herzen getragen die Treu
Und auf dem Hintern ein Wappen.

Das mahnt an Kreuzzug und Turnei[6],
An Minne und frommes Dienen,
An die ungedruckte Glaubenszeit,
Wo noch keine Zeitung erschienen.

Ja, ja, der Helm gefällt mir, er zeugt
Vom allerhöchsten Witze!
Ein königlicher Einfall war's!
Es fehlt nicht die Pointe, die Spitze!

Nur fürcht ich, wenn ein Gewitter entsteht,
Zieht leicht so eine Spitze
Herab auf euer romantisches Haupt
Des Himmels modernste Blitze! – –

Heinrich Heine: Deutschland, Ein Wintermärchen.
Stuttgart: Reclam o. J.

---

1 Theodor Körner (1791-1813) verfasste während der Befreiungskriege das „Lied der schwarzen Jäger“, aus dem dieses Zitat stammt.
2 „Er“: Bis Ende des 18. Jahrhunderts war die 3. Person Singular die übliche (stark distanzierende) Anredeform gegenüber den unteren Volksschichten.
3 Der Zopf wurde Anfang des 19. Jahrhunderts beim Militär abgeschafft.
4 Anspielung auf das beliebte romantische Schauspiel „Johanna von Montfaucon“ von August von Kotzebue (1761-1819)
5 Dichter der Romantik
6 Turnei: Turnier

Bertolt Brecht (1898-1956)

Der Paß ist der edelste Teil von einem Menschen. Er kommt auch nicht auf so einfache Weise zustand wie ein Mensch. Ein Mensch kann überall zustandkommen, auf die leichtsinnigste Art und ohne gescheiten Grund. Aber ein Paß niemals. Dafür wird er auch anerkannt, wenn er gut ist, während ein Mensch noch so gut sein kann und doch nicht anerkannt wird.

Aus: Bertolt Brecht: Flüchtlingsgespräche. Frankfurt/Main: Suhrkamp Verlag

Aus lizenzrechtlichen Gründen wird dieser Text nicht in reformierter Schreibung wiedergegeben.

Erich Kästner (1899-1974)
Kennst du das Land, wo die Kanonen blühn?

Kennst du das Land, wo die Kanonen blühn?
Du kennst es nicht? Du wirst es kennenlernen!
Dort stehn die Prokuristen stolz und kühn
In den Bureaus, als wären es Kasernen.

Dort wachsen unterm Schlips Gefreitenknöpfe.
Und unsichtbare Helme trägt man dort.
Gesichter hat man dort, doch keine Köpfe.
Und wer zu Bett geht, pflanzt sich auch schon fort!

Wenn dort ein Vorgesetzter etwas will –
Und es ist sein Beruf, etwas zu wollen
Steht der Verstand erst stramm und zweitens still.
Die Augen rechts! Und mit dem Rückgrat rollen!

Die Kinder kommen dort mit kleinen Sporen
Und mit gezognem Scheitel auf die Welt.
Dort wird man nicht als Zivilist geboren.
Dort wird befördert, wer die Schnauze hält.

Kennst du das Land? Es könnte glücklich sein.
Es könnte glücklich sein und glücklich machen!
Dort gibt es Acker, Kohle, Stahl und Stein
Und Fleiß und Kraft und andre schöne Sachen.

Selbst Geist und Güte gibt's dort dann und wann!
Und wahres Heldentum. Doch nicht bei vielen.
Dort steckt ein Kind in jedem zweiten Mann.
Das will mit Bleisoldaten spielen.

Dort reift die Freiheit nicht. Dort bleibt sie grün.
Was man auch baut – es werden stets Kasernen.
Kennst du das Land, wo die Kanonen blühn?
Du kennst es nicht? Du wirst es kennenlernen!

Aus: Erich Kästner: Herz auf Taille. © Atrium Verlag, Zürich, und Thomas Kästner.

Aus lizenzrechtlichen Gründen wird dieser Text nicht in reformierter Schreibung wiedergegeben.

Originaltexte der Märchen

Jakob und Wilhelm Grimm:

Die Bremer Stadtmusikanten

Es hatte ein Mann einen Esel, der schon lange Jahre die Säcke unverdrossen zur Mühle getragen hatte, dessen Kräfte aber nun zu Ende gingen, sodass er zur Arbeit immer untauglicher ward. Da dachte der Herr daran, ihn aus dem Futter zu schaffen; aber der Esel merkte, dass kein guter Wind wehte, lief fort und machte sich auf den Weg nach Bremen: Dort, meinte er, könnte er ja Stadtmusikant werden. Als er ein Weilchen fortgegangen war, fand er einen Jagdhund auf dem Wege liegen, der jappte wie einer, der sich müde gelaufen hat. „Nun, was jappst du so, Packan?", fragte der Esel. „Ach", sagte der Hund, „weil ich alt bin und jeden Tag schwächer werde, auch auf der Jagd nicht mehr fort kann, hat mich mein Herr wollen totschlagen, da hab ich Reißaus genommen; aber womit soll ich nun mein Brot verdienen?" – „Weißt du was", sprach der Esel, „ich gehe nach Bremen und werde dort Stadtmusikant, geh mit und lass dich auch bei der Musik annehmen. Ich spiele die Laute und du schlägst die Pauken." Der Hund war's zufrieden und sie gingen weiter. Es dauerte nicht lange, so saß da eine Katze an dem Weg und machte ein Gesicht wie drei Tage Regenwetter. „Nun, was ist dir in die Quere gekommen, alter Bartputzer?", sprach der Esel. „Wer kann da lustig sein, wenn's einem an den Kragen geht", antwortet die Katze, „weil ich nun zu Jahren komme, meine Zähne stumpf werden und ich lieber hinter dem Ofen sitze und spinne als nach Mäusen herumjage, hat mich meine Frau ersäufen wollen; ich habe mich zwar noch fortgemacht; aber nun ist guter Rat teuer: Wo soll ich hin?" – „Geh mit uns nach Bremen, du verstehst dich doch auf die Nachtmusik, da kannst du ein Stadtmusikant werden." Die Katze hielt das für gut und ging mit. Darauf kamen die drei Landesflüchtigen an einem Hof vorbei, da saß auf dem Tor der Haushahn und schrie aus Leibeskräften. „Du schreist einem durch Mark und Bein", sprach der Esel, „was hast du vor?" – „Da hab ich gut Wetter prophezeit", sprach der Hahn, „weil unserer lieben Frauen Tag ist, wo sie dem Christkindlein die Hemdchen gewaschen hat und sie trocknen will; aber weil morgen zum Sonntag Gäste kommen, so hat die Hausfrau doch kein Erbarmen und hat der Köchin gesagt, sie wollte mich morgen in der Suppe essen, und da soll ich mir heut Abend den Kopf abschneiden lassen. Nun schrei ich aus vollem Hals, solang ich noch kann." – „Ei was, du Rotkopf", sagte der Esel, „zieh lieber mit uns fort, wir gehen nach Bremen, etwas Besseres als den Tod findest du überall; du hast eine gute Stimme, und wenn wir zusammen musizieren, so muss es eine Art haben." Der Hahn ließ sich den Vorschlag gefallen und sie gingen alle viere zusammen fort. Sie konnten aber die Stadt Bremen in einem Tag nicht erreichen und kamen abends in einen Wald, wo sie übernachten wollten. Der Esel und der Hund legten sich unter einen großen Baum, die Katze und der Hahn machten sich in die Äste, der Hahn aber flog bis in die Spitze, wo es am sichersten für ihn war. Ehe er einschlief, sah er sich noch einmal nach allen vier Winden um, da deuchte ihn, er sähe in der Ferne ein Fünkchen brennen, und rief seinen Gesellen zu, es müsste gar nicht weit ein Haus sein, denn es scheine ein Licht. Sprach der Esel: „So müssen wir uns aufmachen und noch hingehen, denn hier ist die Herberge schlecht." Der Hund meinte, ein paar Knochen und etwas Fleisch dran täten ihm auch gut. Also machten sie sich auf den Weg nach der Gegend, wo das Licht war, und sahen es bald heller schimmern und es ward immer größer, bis sie vor ein hell erleuchtetes Räuberhaus kamen. Der Esel, als der Größte, näherte sich dem Fenster und schaute hinein. „Was siehst du, Grauschimmel?", fragte der Hahn. „Was ich sehe?", antwortete der Esel, „einen gedeckten Tisch mit schönem Essen und Trinken und Räuber sitzen daran und lassen's sich wohl sein." – „Das wäre was für uns", sprach der Hahn. „Ja, ja, ach, wären wir da!", sagte der Esel. Da ratschlagten die Tiere, wie sie es anfangen müssten, um die Räuber hinauszujagen, und fanden endlich ein Mittel. Der Esel musste sich mit den Vorderfüßen auf das Fenster stellen, der Hund auf des Esels Rücken springen, die Katze auf den Hund klettern, und endlich flog der Hahn hinauf und setzte sich der Katze auf den Kopf. Wie das geschehen war, fingen sie auf ein Zeichen insgesamt an, ihre Musik zu machen: Der Esel schrie, der Hund bellte, die Katze miaute und der Hahn krähte; dann stürzten sie durch das Fenster in die Stube hinein, dass die Scheiben klirrten. Die Räuber fuhren bei dem entsetzlichen Schrei in die Höhe, meinten nicht anders, als ein Gespenst käme herein, und flohen in größter Furcht in den Wald hinaus. Nun setzten sich die vier Gesellen an den Tisch, nahmen mit dem vorlieb, was übrig geblieben war, und aßen, als wenn sie vier Wochen hungern sollten.

Wie die vier Spielleute fertig waren, löschten sie das Licht aus und suchten sich eine Schlafstätte, jeder nach seiner Natur und Bequemlichkeit. Der Esel legte sich auf den Mist, der Hund hinter die Türe, die Katze auf den Herd bei der warmen Asche und der Hahn setzte sich auf den Hahnenbalken. Und weil sie müde waren von ihrem langen Weg, schliefen sie auch bald ein. Als Mitternacht vorbei war und die Räuber von weitem sahen, dass kein Licht mehr im Haus brannte, auch alles ruhig schien, sprach der Hauptmann: „Wir hätten uns doch nicht sollen ins Bockshorn jagen lassen“, und hieß einen hingehen und das Haus untersuchen. Der Abgeschickte fand alles still, ging in die Küche ein Licht anzuzünden, und weil er die glühenden, feurigen Augen der Katze für lebendige Kohlen ansah, hielt er ein Schwefelhölzchen daran, dass es Feuer fangen sollte. Aber die Katze verstand keinen Spaß, sprang ihm ins Gesicht, spie und kratzte. Da erschrak er gewaltig, lief und wollte zur Hintertüre hinaus; aber der Hund, der da lag, sprang auf und biss ihn ins Bein. Und als er über den Hof an dem Miste vorbei rannte, gab ihm der Esel noch einen tüchtigen Schlag mit dem Hinterfuß; der Hahn aber, der vom Lärmen aus dem Schlaf geweckt und munter geworden war, rief vom Balken herab: „Kikeriki!“ Da lief der Räuber, was er konnte, zu seinem Hauptmann zurück und sprach: „Ach, in dem Haus sitzt eine gräuliche Hexe, die hat mich angehaucht und mit ihren langen Fingern mir das Gesicht zerkratzt. Und vor der Türe steht ein Mann mit einem Messer, der hat mich ins Bein gestochen. Und auf dem Hof liegt ein schwarzes Ungetüm, das hat mit einer Holzkeule auf mich losgeschlagen. Und oben auf dem Dache, da sitzt der Richter, der rief, bringt mir den Schelm her. Da machte ich, dass ich fortkam.“ Von nun an getrauten sich die Räuber nicht weiter in das Haus, den vier Bremer Musikanten gefiel's aber so wohl darin, dass sie nicht wieder heraus wollten. Und der das zuletzt erzählt hat, dem ist der Mund noch warm.

Aus: Wilhelm und Jakob Grimm. Märchen. Nach der Ausgabe letzter Hand. Zürich: Manesse Verlag, 1946.

Hans Christian Andersen:

Des Kaisers neue Kleider

Vor vielen Jahren lebte ein Kaiser, der so ungeheuer viel auf neue Kleider hielt, dass er all sein Geld dafür ausgab, um recht geputzt zu sein.
Er kümmerte sich nicht um seine Soldaten, kümmerte sich nicht um das Theater und liebte es, nur dann spazieren zu fahren, wenn er seine neuen Kleider zeigen konnte. Für jede Stunde des Tages hatte er einen Rock, und wie man sonst von einem König sagte: „Er ist im Rate“, sagte man hier immer: „Der Kaiser ist in der Garderobe!“
In der großen Stadt, in der er wohnte, ging es sehr munter zu. An jedem Tag trafen viele Fremde ein, eines Tages kamen auch zwei Betrüger an. Sie gaben sich für Weber aus und sagten, dass sie das schönste Zeug, das man sich denken könne, zu weben verständen. Nicht nur die Farben und das Muster wären ungewöhnlich schön, die Kleider, die von dem Zeug genäht würden, besäßen außerdem die wunderbare Eigenschaft, dass sie für jeden Menschen unsichtbar wären, der nicht für sein Amt tauge oder unverzeihlich dumm sei. „Das wären prächtige Kleider“, dachte der Kaiser. „Wenn ich die anhätte, könnte ich ja dahinter kommen, welche Männer in meinem Reich zu dem Amt, das sie haben, nicht taugen. Ich könnte die Klugen von den Dummen unterscheiden! Ja, das Zeug muss sogleich für mich gewebt werden!“ Und er gab den beiden Betrügern viel Handgeld, damit sie ihre Arbeit beginnen möchten.
Sie stellten auch zwei Webstühle auf und taten, als ob sie arbeiteten; aber sie hatten nicht das Geringste auf dem Stuhle. Frischweg verlangten sie die feinste Seide und das prächtigste Gold, das steckten sie in ihre eigenen Taschen und arbeiteten an den leeren Stühlen bis spät in die Nacht hinein.
„Ich möchte gern wissen, wie weit sie mit dem Zeuge sind!“, dachte der Kaiser. Aber es war ihm ordentlich beklommen zumute, wenn er daran dachte, dass derjenige, welcher dumm war oder nicht zu seinem Amt taugte, es nicht sehen könne. Nun glaubte er zwar, das er für sich selbst nichts zu fürchten habe, aber er wollte doch erst einen anderen senden, um zu sehen, wie es damit stände.
Alle Menschen in der ganzen Stadt wussten, welche besondere Kraft das Zeug hatte, und alle waren begierig zu sehen, wie schlecht oder dumm ihr Nachbar sei.
„Ich will meinen alten ehrlichen Minister zu den Webern senden“, dachte der Kaiser. „Er kann am besten beurteilen, wie das Zeug sich ausnimmt; denn er hat Verstand und keiner versteht sein Amt besser als er!“ Nun ging der alte gute Minister in den Saal hinein, wo die zwei Betrüger saßen und an leeren Webstühlen arbeiteten. „Gott behüte uns“, dachte der alte Minister und riss die Augen auf: „Ich kann ja nichts erblicken!“ Aber das sagte er nicht.
Die Betrüger baten ihn gefälligst, näher zu treten, und fragten, ob es nicht ein hübsches Muster und schöne Farben seien. Dann zeigten sie auf den leeren Webstuhl und der arme alte Minister fuhr fort, die Augen aufzureißen; aber er konnte nichts sehen, denn es war nichts da. „Herr Gott!“, dachte er. „Sollte ich dumm sein? Das habe ich nie geglaubt und das darf kein Mensch wissen! Sollte ich nicht zu meinem Amte taugen? Nein, es geht nicht an, dass ich erzähle, ich könnte das Zeug nicht sehen!“
„Nun, Sie sagen nichts dazu?“, fragte der eine, der da webte.
„Oh, es ist niedlich, ganz allerliebst!“, antwortete der alte Minister und sah durch seine Brille. „Dieses Muster und diese Farben. Ja, ich werde dem Kaiser sagen, dass es mir sehr gefällt!“
„Nun, das freut uns!“, sagten die beiden Weber, und darauf nannten sie die Farben und erklärten das seltsame Muster. Der alte Minister passte gut auf, damit er dasselbe sagen könnte, wenn er zum Kaiser zurückkam, und das tat er. Jetzt verlangten die beiden Betrüger mehr Geld, mehr Seide und mehr Gold zum Weben. Sie steckten alles in ihre eigenen Taschen, auf den Webstuhl kam kein Faden, aber sie fuhren fort, wie bisher an dem leeren Webstuhl zu arbeiten.
Der Kaiser sandte bald wieder einen anderen ehrlichen Staatsmann hin, um zu sehen, wie es mit dem Weben stände und ob das Zeug bald fertig sei. Aber dem ging es gerade wie dem Ersten; er sah und sah, weil aber außer dem leeren Webstuhl nichts da war, so konnte er nichts sehen. „Ist das nicht ein hübsches Stück Zeug?“, fragten die beiden Betrüger und zeigten und erklärten das prächtige Muster, das gar nicht da war.
„Dumm bin ich nicht!“, dachte der Mann, „ist es also mein gutes Amt, zu dem ich nicht tauge? Das wäre lächerlich, aber man darf es sich nicht anmerken lassen!“ Und so lobte er das Zeug, das er nicht sah, und versicherte ihnen seine Freude über die schönen Farben und das herrliche Muster. „Ja, es ist ganz allerliebst!“, sagte er zum Kaiser. Alle Menschen in der Stadt sprachen von dem prächtigen Zeug. Nun wollte der Kaiser es selbst sehen,

während es noch auf dem Webstuhl war. Mit einer ganzen Schar auserwählter Männer, unter denen auch die beiden ehrlichen Staatsmänner waren, die schon früher dort gewesen, ging er zu den beiden listigen Betrügern, die nun mit allen Kräften webten, aber ohne Faser und Faden.

„Ist das nicht prächtig?“, fragten die beiden alten Staatsmänner, die schon einmal da gewesen waren. „Sehen Eure Majestät, welches Muster, welche Farben!“ Und dann zeigten sie auf den leeren Webstuhl; denn sie glaubten, dass die anderen das Zeug wohl sehen könnten.

„Was“, dachte der Kaiser, „ich sehe gar nichts! Das ist ja schrecklich! Bin ich dumm? Tauge ich nicht dazu, Kaiser zu sein? Das wäre das Schrecklichste, was mir begegnen könnte.“ –

„Oh, es ist sehr hübsch!“, sagte er. „Es hat meinen allerhöchsten Beifall!“ Und er nickte zufrieden und betrachtete den Webstuhl; denn er wollte nicht sagen, dass er nichts sehen könne. Das ganze Gefolge, das er bei sich hatte, sah und sah und bekam nicht mehr heraus als alle anderen; aber sie sagten wie der Kaiser: „Oh, das ist hübsch!“ Und sie rieten ihm, diese neuen, prächtigen Kleider das erste Mal bei der großen Prozession, die bevorstand, zu tragen. „Es ist herrlich, niedlich, exzellent!“, ging es von Mund zu Mund; man schien allerseits innig erfreut darüber und der Kaiser verlieh den Betrügern den Titel: Kaiserliche Hofweber.

Die ganze Nacht vor dem Morgen, an dem die Prozession stattfinden sollte, saßen die Betrüger auf und hatten über sechzehn Lichter angezündet. Die Leute konnten sehen, dass sie stark beschäftigt waren, des Kaisers neue Kleider fertig zu machen. Sie taten, als ob sie das Zeug von dem Webstuhl nähmen, sie schnitten mit großen Scheren in die Luft, sie nähten mit Nähnadeln ohne Faden und sagten zuletzt: „Nun sind die Kleider fertig!“

Der Kaiser kam mit seinen vornehmsten Kavalieren selbst dahin und beide Betrüger hoben einen Arm in die Höhe, gerade als ob sie etwas hielten, und sagten: „Seht, hier sind die Beinkleider! Hier ist der Rock! Hier der Mantel!“ Und so weiter. „Es ist so leicht wie Spinngewebe; man sollte glauben, man habe nichts auf dem Leibe; aber das ist gerade der Vorzug dabei.“

„Ja!“, sagten alle Kavaliere, aber sie konnten nichts sehen; denn es war nichts da.

„Belieben Eure kaiserliche Majestät jetzt, Ihre Kleider allergnädigst auszuziehen“, sagten die Betrüger, „so wollen wir Ihnen die neuen anziehen, hier vor dem großen Spiegel!“

Der Kaiser legte alle seine Kleider ab, und die Betrüger stellten sich, als ob sie ihm jedes Stück der neuen Kleider anzögen. Der Kaiser wendete und drehte sich vor dem Spiegel.

„Ei, wie gut sie kleiden!! Wie herrlich sie sitzen!“, sagten alle. „Welches Muster, welche Farben! Das ist eine köstliche Tracht!“

„Draußen stehen sie mit dem Thronhimmel, der über Euer Majestät in der Prozession getragen werden soll“, meldete der Oberzeremonienmeister.

„Seht, ich bin fertig!“, sagte der Kaiser. „Sitzt er nicht gut?“ Und dann wandte er sich nochmals vor dem Spiegel; denn es sollte scheinen, als ob er seinen Schmuck recht betrachte.

Die Kammerherren, welche die Schleppe tragen sollten, griffen mit den Händen nach dem Fußboden, gerade als ob sie die Schleppe aufhöben. Sie gingen und taten, als ob sie etwas in der Luft hielten; denn sie wollten es nicht merken lassen, dass sie nichts sehen konnten.

So ging der Kaiser unter dem prächtigen Thronhimmel und alle Menschen auf der Straße und in den Fenstern sprachen: „Gott, wie sind des Kaisers neue Kleider unvergleichlich. Welche Schleppe er am Kleide hat. Wie schön das sitzt!“ Keiner wollte zugeben, dass er nichts sah; denn dann hätte er ja nicht zu seinem Amt getaugt oder wäre sehr dumm gewesen.

Keine Kleider des Kaisers hatten solches Aufsehen erregt wie diese.

„Aber er hat ja nichts an!“, sagte endlich ein kleines Kind.

„Herr Gott, hört die Stimme der Unschuld!“, sagte der Vater; und der eine zischelte dem anderen zu, was das Kind gesagt hatte.

„Aber er hat ja nichts an!“, rief zuletzt das ganze Volk.

Das ergriff den Kaiser; denn es schien ihm, als hätten sie Recht; aber er dachte bei sich: „Nun muss ich aushalten.“ Und seine Haltung wurde noch stolzer und die Kammerherren gingen und trugen die Schleppe, die gar nicht da war.

Aus: Hans Christian Andersen: Sämtliche Märchen in zwei Bänden. Bd.1. Darmstadt: Wissenschaftliche Buchgesellschaft, 1974.

Literaturtheoretische Texte im Umkreis des „Hauptmann von Köpenick“

Symbol [griech. symbolon: Wahrzeichen, Merkmal]. Ursprünglich ein Erkennungszeichen in Form eines in zwei Hälften zerbrochenen Gegenstands, die bei späterer Begegnung zusammengepasst wurden, hat das Symbol die Eigenschaft behalten, immer nur einer bestimmten Gruppe von Menschen verständlich zu sein. Im übertragenen Sinne ist es ein sinnliches Zeichen für eine Idee. Im Unterschied zum Gleichnis und seinen verschiedenen Formen, worin die Bedeutung eines Gegenstands durch einen anderen Gegenstand veranschaulicht ist, gibt das Symbol die Bedeutung in der Form eines Zeichens, das für den Gegenstand steht.

Nach Träger: Wörterbuch der Literaturwissenschaft, a.a.O.

Exposition [lat. expositio: Ausstellung, Darlegung]: Im Drama die Einführung in die sachlichen und persönlichen Voraussetzungen der Figuren, ihre Beziehungen zueinander und die Umstände und Bedingungen ihres Handelns und Verhaltens. Die Exposition klärt Vorgeschichte; aber nicht jede Exposition arbeitet die Gesamtheit der Vorgeschichte auf. Sie erhellt vor allem die aktuelle Ausgangssituation, d. h. die Umstände und die äußeren wie inneren Bedingungen, aus denen Handlungsnotwendigkeit für die Figuren erwächst. Vergangenheits- und zukunftsbezogen macht die Exposition die aktuellen Beziehungen zwischen den Figuren einsehbar, die künftigen erwartbar und schafft somit Ereignispotenzen. Überwiegend erscheint die Exposition als Bestandteil des Handlungsverlaufs, der nicht als solcher aus der widerspruchsvollen Gesamtbewegung des Dramas abzulösen ist.

Nach Träger: Wörterbuch der Literaturwissenschaft, a.a.O.

Im „Hauptmann von Köpenick“ fungieren vor allem die Szenen 1 bis 4 als Exposition. Insgesamt kann für die Szenenfolge dieser Komödie gelten, dass die Szenen teilweise kausal entwickelnd, teilweise reihend aneinandergefügt sind. Dadurch ergibt sich eine an klassische Formen angelehnte Struktur, die jedoch von modernen Prinzipien (z.B. Schnitttechnik in der 4. Szene, größere Anzahl von Szenen u.a.) überlagert wird.

Realismus

Das enge Verhältnis von historischer Realität und Dichtung, den Realismus und die Echtheit der Milieudarstellung belegt die folgende Quelle, von der Zuckmayer in „Als wär's ein Stück von mir“ selbst berichtete.

„Einer erstaunlichen Zuschrift muß ich gedenken, sie kam auf rosa Papier und war mit einer kindlichen Hand geschrieben, ein vergilbtes Foto lag bei, das eine starke Dame mit hoher Turmfrisur und Sonnenschirm zeigt. „Werter Verfasser“, begann es, „gestern habe ich im Deutschen Theater den Hauptmann von Köpenick gesehen, ich kann Ihnen nicht sagen, wie mir zumute war, als unser liebes, altes Sitzcafé, das National, auf der Bühne erschien!“

(Man muß dazu wissen, daß das ‚Café National‘, in dem eine Szene des Stückes spielt, vor und bis kurz nach dem Ersten Weltkrieg das Stammlokal der Berliner besseren Halbwelt war, die nicht auf den Strich ging, sondern sich ihre Kundschaft ebendort ersaß.)

„Tränen der Rührung“, hieß es weiter, „liefen mir über die Wangen. Auch mit der Plörösenmieze“ – diesen Namen glaubte ich erfunden zu haben! – „war ich gut befreundet, wieviele idyllische Stunden haben wir zusammen verlebt. War ich doch selbst die bekannte Goldfisch-Anna, da ich einen sehr vollen Busen besaß und sich die Herrn vergnügten, mir lebende Goldfische aus dem großen Bassin mit Springbrunnen in den stets dekolletierten Busenschlitz schlüpfen zu lassen, die sie dann aus meinen Corsett wieder herausfischten, wobei ich zu ihrem Spaß laut quietschte. Wie manchen Taler habe ich mir damit ehrlich verdient! Goldene Zeiten! Dank Ihnen, werter Meister, daß Sie sich diese Erinnerung an die glücklichsten Tage meines Lebens auf das Theater gebracht haben,

Ihre, ‚Golfisch-Anna‘.“[1]

Aus: Carl Zuckmayer: Als wär's ein Stück von mir.

[1] Aus lizenzrechtlichen Gründen wird dieser Text nicht in reformierter Schreibung wiedergegeben.

Über das „Vor-dem-Spiegel-Stehen“ im „Hauptmann von Köpenick“

Irgendwann stehen alle einmal vor dem Spiegel, die mit der Uniform zu tun haben. Am Anfang ist es Schlettow, am Ende des ersten Aktes Obermüller, am Ende der Komödie Voigt.

Die Militaristen spiegeln sich, bevor sie handeln. Das Wesen der Uniform ist ihre Wirkung, deren Indikator der Spiegel ist. Er ist mehr als ein Requisit, nämlich Metapher für die gesellschaftliche Verblendung. In ihm konkretisiert sich das gesellschaftliche Vorurteil. Ohne ihn wäre die Uniform nichts. Dass er die Gesellschaft repräsentiert, erläutert die Szene des Gestaltentauschs. Voigt fehlt zwar das Requisit, aber er erkennt seine Wirkung gleichwohl in der Reaktion der beiden Bahnbeamten, die sofort strammstehen.

Vor das Spiegelein an der Wand wird Voigt erst nach vollbrachter Tat [...] geführt. Voigt, der Eulenspiegel, hat gehandelt, ohne sich vorher zu spiegeln. Er allein weiß, dass Spiegel blenden. Nur er erkennt sich mit seinem „unmöglich“ selbst [...]

Die Existenz [wird] erst durch die Widerspiegelung begründet [...] Die Stationen des Stücks [sind] ein System wiederholter Spiegelungen [...]

Aus: Werner Frizen: Carl Zuckmayer. Der Hauptmann von Köpenick. München: Oldenbourg Verlag, 21988, S. 76.

Die Uniform

> Das war ja Witz und Tücke der Uniform. Sie verschluckte den „Wer“ und ließ nur das „Was“ gelten. (Alfred Polgar)

Für gewöhnlich gilt: Das Kleid ist eine Fortsetzung der Epidermis. Aber für das Soldatenkleid galt dies nicht. Hier musste es heißen: Der Mensch ist eine Fortsetzung der Uniform nach innen.

Für Antlitze war die Uniform ein Prüfstein. Die reichen physiognomischen Hilfen der bürgerlichen Kleidung fielen fort. Die Gesichter schienen wie aus Glas und Rahmen genommene Bilder. Sehr nackt; und fatal deutlich in all ihren seelischen Chiffren. Das Besondere duckte sich lautlos und das Typische stellte sich gehorsamst vor. Der Blick, war er noch so stolz und offen, ging wie durch einen Filter von Demut. Der Mund schloss eine Nuance fester als sonst, sehr viel gewohnheitsmäßiges Schweigen war um ihn. Das Mienenspiel schien vereinfacht (Ungebundenheit der Mimik: ein Vorrecht der Höheren). Der krempenlose Kappenrand ließ die Ohren demonstrativ frei: das ganze Gesicht war auf die Funktion „Hören“ eingestellt [...]

Uniform: das Kleid ohne Geheimnisse...

Die militärische Tracht verriet unzweideutig, was in ihr steckte. Freilich nicht, wer in ihr steckte [...] Sie bedeutete eine wesentliche Lebensvereinfachung. Zwei Uniformierte hatten es nicht nötig, mit Fühlern des Gesprächs einander abzutasten um zu wissen, welcher Raum oder welche Unendlichkeit zwischen ihnen liege. Sie wussten es alsogleich auf den Millimeter genau.

Das war ja überhaupt das Schöne beim Militär: die Versachlichung aller menschlichen Relationen. Welche Ersparnis an Kraft und Aufwand gab das! Literweise vergeudet der Bürger Nervensäfte an die Sorge des Rechtbehaltens. Der Soldat war von solcher Verschwendung befreit. Denn mit dem Untertauchen des Individuums in die Gattung schwand ihm höchste Qual der Erdenkinder: Persönlichkeit wahren zu müssen [...]

Die Uniform versinnbildlichte das. Ihre bündig ausgesprochene Idee: Du hast aufgehört, Zweck zu sein, und bist Mittel! Die Pflichten gegen das eigene Ich, mit ihrem ganzen Komplex sittlicher und ästhetischer Martern, endete, ersetzt durch die einfachere Pflicht, dieses Ich dem Verdrecken und Verrecken preiszugeben.

Mit der Uniform zog man „einen anderen Menschen an“: den Un-Menschen, den Anti-Menschen. Und so wurde es eine große Zeit.

Alfred Polgar: Die Uniform. Aus: Alfred Polgar: Kleine Schriften.

Zuckmayers Köpenick-Erlebnis

Eine von Zuckmayer selbst (nicht ganz frei von Eitelkeit) überlieferte Anekdote zeigt, wie stark die Wertschätzung des Militärischen in Deutschland nach der Machtergreifung durch die Nationalsozialisten wieder geworden war. Während einer Reise nach Deutschland gelang Zuckmayer an der Grenze selbst eine kleine Köpenickiade.

Als der Zug langsam in Feldkirch einfuhr und man die grellen Kegel der Scheinwerfer sah, hatte ich wenig Hoffnung. [...]
Ich sah zu meinem Schrecken, daß der Grenzdienst fast ausnahmslos von Hitlertruppen in brauner und schwarzer Uniform ausgeübt wurde. Der Bahnhof wimmelte von Menschen. Überall waren große Tische aufgestellt, auf die man die Koffer und Taschen der Passagiere einfach umleerte. [...]
Ich wurde über den langen Perron des Bahnhofs geführt, während mein Gepäck zurückblieb und der Gründlichkeit anheimfiel. Ganz am Ende des Bahnhofs, wo es stockdunkel wurde, waren einige Baracken sichtbar. [...]
In der Baracke saß ein blonder magerer Mensch in der Uniform der SS hinter einem Tisch, er trug eine Stahlbrille und sah überanstrengt und unterernährt aus. Vor dem Tisch stand ein Mann mit aufgeschlagenem Mantelkragen und gesenktem Kopf, der offenbar gerade verhört worden war.
„Ins Revier zum Abtransport", hörte ich die Stimme des Beamten, „wenn überfüllt, ins Ortsgefängnis. Der nächste Herr bitte." Zwei SA-Leute führten den völlig gebrochenen Mann hinaus. Er schien zu weinen.
Dann trat ich, der nächste Herr, vor meinen Richter. Mein Häscher hatte mit ihm geflüstert, und nun schaute der andere auf. „Carl Zuckmayer", sagte er. – „Aha."
Dann beugte er sich zu mir vor. „Sind Sie Parteigenosse? Haben sie einen Parteiausweis mit?"
„Ich kann nicht Parteigenosse sein", antwortete ich prompt, „weil meine Werke in Deutschland verboten sind. Sie stimmten nicht mit der nationalsozialistischen Weltanschauung überein. Deshalb arbeite ich ja in London, wo ich auch den ‚Rembrandt'-Film gemacht habe. Daß ich beliebig ins Ausland reisen kann, sehen Sie aus meinem Paß, sonst hätte ich ihn nicht. Das muß Ihnen doch genügen."
Ich streckte wieder die Hand nach meinem Paß aus. Aber der Sturmführer starrte mich nun ganz sonderbar an. Sein Mund klaffte auf, seine Augen waren rund geworden. Plötzlich ergriff er meine ausgestreckte Hand und schüttelte sie. „Fabelhaft!" rief er, „diese offene Aussage! Diese Ehrlichkeit!" –
„Glauben Sie denn", sagte ich, meinen Vorteil wahrnehmend, „jeder, der hier hereinkommt, ist ein Lügner?"
„Die meisten schon", rief er aus, „aber Sie – Sie sind halt ein deutscher Mann! Das hätt' ich nie geglaubt, daß am heutigen Tag einer offen zugibt. Er ist kein PG, er ist verboten! Sie – aus Ihnen wird noch ein Parteigenosse, das garantier ich Ihnen!"
„Dankeschön", sagte ich und nahm meinen Paß entgegen. „Kann ich jetzt zu meinem Gepäck?"
„Ich komme mit", rief er, „ich brauche mal eine Ablösung. Fabelhaft. Vor Ihnen hab' ich Respekt. Ihr Gepäck ist ja einwandfrei, hoffe ich?"
Er zog die Brauen hoch und bekam wieder Falten ins Gesicht. Ich dachte an meine Manuskripte, und der Gedanke an ein neues Katz-und-Maus-Spiel machte mir heiß. Außerdem sah ich draußen den Kerl stehen, der mich hereingebracht hatte, bösartig zu mir herstarren. Jetzt – dachte ich nun ganz bewußt und berechnend – ist es an der Zeit. Ich öffnete meinen Mantel, schlug ihn zurück, als suchte ich in der Hose nach meinem Taschentuch, und zwar auf der linken Seite, wo die Kriegsorden steckten. Sofort hefteten sich seine Augen darauf wie gebannt.
„Sie waren an der Front?" fragte er.
„Natürlich", sagte ich lässig, „fast vier Jahre lang." – „Offizier gewesen?"
Ich nickte. „Ist das nicht – das Eiserne Kreuz Erster Klasse?" – „Ja."
„Und das?" – „Die Hessische Tapferkeitsmedaille. Ich stamme aus Mainz. Die bekam jeder, wenn er eine Zeitlang dabei war." „Aber das hier – mit den Schwertern?"
Es war der ‚Zähringer Löwe mit Eichenlaub und Schwertern', eine Auszeichnung, die Offiziere bekommen konnten, wenn sie bei einer badischen Formation gestanden und sich dort verdient oder beliebt gemacht hatten. Ich erklärte es ihm.
„Dann sind Sie ja ein Held", sagte er und bekam Fischaugen.
„Das nicht", sagte ich barsch, „aber immerhin kann man sich die Dinger nicht für zehn Groschen auf der Straße kaufen." Diese Anspielung war schon ziemlich frech, aber sie tat ihre Wirkung.
„Prachtvoll", rief er und lachte übermäßig. – „Sie meinen die Mitläufer! Die Opportunisten! Das ist deutscher Humor. Großartig!" Er nahm seine Mütze ab und wischte sich den Schweiß. Ich sah, daß er die Haare am Hinterkopf abrasiert hatte, vorne war sein Schopf vorschriftsmäßig zugestutzt.

„Wir von der jüngeren Generation“, begann er, als wolle er eine Rede halten, „die nicht mehr das Glück hatten, am Krieg teilzunehmen, wissen trotzdem, was wir unseren Helden schuldig sind. Achtung!“ schrie er plötzlich nach draußen. „SA und SS angetreten!“
Wir verließen die Baracke, und seine Leute spritzten heran. Und nun ließ er sie, inmitten der ganzen Zolluntersuchung und all der angstverstörten Flüchtlinge, vor mir antreten. „Wir ehren einen Helden des Weltkriegs 14-18“, brüllte er. „Heil Hitler!“
Eine Reihe von Braun- und Schwarzhemden hatte sich vor mit aufgebaut wie vor einem kommandierenden General, klappte die Hacken zusammen, daß der Dreck spritzte, und schrie mir ihr „Heil Hitler!“ ins Gesicht, als sei ich der Führer persönlich. Ich war plötzlich der große Mann der Grenzstation und kam mir vor wie der ‚Hauptmann von Köpenick‘ in meinem eigenen Stück.
„Wo ist das Gepäck dieses Herrn?“ kommandierte er. „Zuschließen. In den Schweizer Zug bringen!“ Ich brauchte keine Hand mehr zu rühren. Der Koffer mit den Gedichten wurde gar nicht erst aufgemacht.
„Der Herr war noch nicht bei der Leibesvisitation“, sagte ein SA-Mann.
„Der Herr braucht nicht zur Leibesvisitation“, rief mein Beschützer, „der Herr ist abgefertigt!“

Aus: Carl Zuckmayer: Als wär's ein Stück von mir.

Aus lizenzrechtlichen Gründen wird dieser Text nicht in reformierter Schreibung wiedergegeben.

Abbildungen

Der Schuster Wilhlem Vogt (1849-1922) Porträt aus der Strafvollzugsakte, 1908

© bpk, Berlin

Voigt nach der Entlassung aus seiner letzten Haft in Uniformmantel

© AKG: Berlin

Das Rathaus von Köpenick. 1905

ympathie-Postkarte für Wilh. Voigt dem Hauptmann v. Köpenick

Jeder Käufer dieser Postkarte
gibt kund,
dass er dem Hauptmann v. Köpenick
Sympathie und Achtung
nicht versagen kann, mit Hinblick auf
die bewiesene Arbeitswilligkeit.

In Anbetracht,
dass Wilh. Voigt sich bessern wollte und
fleissig arbeitete, aber überall ausgewiesen wurde, wird die Verlagsfirma
dieser Postkarte von jeden verkauften
1000 Stück Postkarten
Zehn Mark
für Wilh. Voigt an den Verein zur Fürsorge für entlassene Strafgefangene am
Weihnachtsheiligabend 1906 abführen,
damit derselbe nach Verbüssung seiner
jetzigen Strafe sein Brot auf ehrliche

Aus: Lehmann, a.a.O.

Schuster Wilhelm Voigt in Hauptmannsuniform

Vorschläge für Klassenarbeiten

- Charakterisiere Kilian in der 18. Szene.
- Charakterisiere Kilian und vergleiche sein Verhalten mit dem Wormsers in der ersten Szene. Stelle dabei die Gemeinsamkeiten deutlich heraus.
- Charakterisiere Hoprecht und beziehe dich dabei besonders auf die 10./14. Szene. Gehe besonders auf sein Verhältnis zum Staat ein.
- Analysiere den Dialog zwischen Voigt und Hoprecht in der 14. Szene und stelle ihre Positionen deutlich heraus. Diskutiere Hoprechts Standpunkt vor dem Hintergrund seiner und Voigts Erfahrungen.
- Analysiere die 4. Szene und zeige auf, welche Arten der Komik Zuckmayer darin verwendet. Stelle in einem zweiten Teil das besondere Verhältnis von Komik und Ernst in der Komödie „Der Hauptmann von Köpenick" dar.
- Zeige auf, inwiefern sich das Theaterstück auf tatsächliche Ereignisse bezieht. Welche Sachverhalte sind von Zuckmayer frei erfunden und welche Wirkung erzielt er dadurch?
- Beschreibe das Verhältnis von historischer Wirklichkeit und dichterischer Erfindung, indem du die Handlung des Theaterstückes mit den tatsächlichen Ereignissen und Figuren vergleichst. Interpretiere die wichtigsten Unterschiede.
- Inwiefern bezieht sich Zuckmayer auf die gesellschaftliche Situation 1931? Was kann man heute noch aus dem Stück lernen?
- Weise Merkmale der Komödie am Text nach. Beziehe dich dabei auf die Figuren, die Handlung, den Schluss, die verwendeten Arten der Komik. Diskutiere die Frage, welche Rolle die Darstellungsweise für den Erfolg des Theaterstückes hatte.
- Belege, inwiefern Zuckmayer Kritik am Militärismus übt. Stütze dich dabei auf eine knappe Analyse wichtiger Figuren und Ausschnitte der Handlung und auf den Weg und die Rolle des Zentralsymbols.
- Verfasse eine Inhaltsangabe zur 11. Szene nach den bekannten Kriterien.
- Verfasse eine Inhaltsangabe zur 19. Szene nach den bekannten Kriterien.
- Warum nennt Zuckmayer sein Schauspiel „Ein deutsches Märchen"? Weise Elemente des Märchens und ihre Funktion nach. Stütze dich dabei besonders auf die 12. Szene.
- Wie kommt es, dass Voigt als sympathischer Mensch erscheint, obwohl er kriminelle Handlungen begeht?

Literaturverzeichnis

Ayck, Thomas: Carl Zuckmayer in Selbstzeugnissen und Bilddokumenten. Reinbek bei Hamburg: Rowohlt 1977

Freund, Winfried (Hrsg.): Deutsche Komödien. München: Wilhelm Fink Verlag 1988

Frizen, Werner: Carl Zuckmayer, Der Hauptmann von Köpenick. Oldenbourg Interpretationen. München: Oldenbourg 1988[2]

Heidelmeyer, Wolfgang (Hrsg.): Der Fall Köpenick. Zeitgenössische Dokumente zur Historie einer preußischen Moritat. Frankfurt am Main und Hamburg: Fischer Verlag 1968 (Fischer Bücherei 863)

Kaiser Wilhelm II: Ereignisse und Gestalten aus den Jahren 1878-1918. Leipzig und Berlin: Koehler 1922, S. 24-27

Mews, Siegfried: Zuckmayer, Der Hauptmann von Köpenick. Grundlagen zum Verständnis des Dramas. Frankfurt am Main: Diesterweg, 1972

Prause, Gerhard: Der wenig bekannte zweite Teil der Köpenickiade. In: Niemand hat Kolumbus ausgelacht. Überarb. Ausgabe Frankfurt am Main und Hamburg: Fischer Bücherei, 1969, S. 169-188

Rosebrock, Theo: Carl Zuckmayers „Der Hauptmann von Köpenick". Hollfeld: Bange Verlag, [13]1994

Scheible, Hartmut: Carl Zuckmayer, Der Hauptmann von Köpenick. Erläuterungen und Dokumente. Stuttgart: Verlag Philipp Reclam jun. 1977

Scholdt, Günter/Walter, Dirk: Stundenblätter. „Der Hauptmann von Köpenick." Stuttgart: Klett Verlag 1995[7]

Schweikle, Günther und Irmgard (Hrsg.): Metzler Literatur Lexikon. Stuttgart: Metzler'sche Verlagsbuchhandlung 1990

Träger, Claus (Hrsg.): Wörterbuch der Literaturwissenschaft. Leipzig: Bibliographisches Institut 1986

Voigt, Wilhelm: Wie ich Hauptmann von Köpenick wurde. Mein Lebensbild. Leipzig und Berlin: Püttmann Verlag 1909. Neuausgabe mit einem Nachwort von Reinhard Lehmann im Eulenspiegel Verlag, Berlin 1986

Zuckmayer, Carl: Als wär's ein Stück von mir. Frankfurt: S. Fischer Verlag, 1997

Zuckmayer, Carl: Der Hauptmann von Köpenick. Frankfurt: S. Fischer Verlag (Fischer TB 7002)